kosmos
bibliothek

Band 301

Helmut Bechtel

Ostafrika in Farbe

Ein Reiseführer für Naturfreunde

Kosmos
Gesellschaft der Naturfreunde
Franckh'sche Verlagshandlung
Stuttgart

Mit 50 Farbfotos von Helmut Bechtel und einer farbigen Karte von Klaus Meier nach einer Vorlage des Autors

Umschlag von Edgar Dambacher unter Verwendung einer Aufnahme von Helmut Bechtel
Das Bild zeigt Steppenzebras (*Equus quagga böhmi*)

Die Bände der Kosmos-Bibliothek erscheinen als Vierteljahres-Buchbeigaben der Monatshefte Kosmos – Bild unserer Welt

Für die Bezieher (Mitglieder) des Kosmos
bilden sie einen Bestandteil der Abonnementsleistung

Kosmos-Bibliothek 1979:
Band 301: Bechtel, Ostafrika in Farbe
Band 302: Feige/Kremer, Flechten – Doppelwesen aus Pilz und Alge
Band 303: Brünner, Trockenblüten und Schmuckfrüchte
Band 303: Klinger, Laser

Änderungen vorbehalten

Über Veröffentlichungen, Bedingungen und Leistungen des Kosmos
unterrichtet Sie jede Buchhandlung
oder die Hauptgeschäftsstelle des „Kosmos“: Postfach 640, 7000 Stuttgart 1

Bild 1 (Seite 2). Sonnenaufgang im Amboselipark. Noch bevor sich der Morgendunst gesenkt hat und die Sonne voll am Himmel steht, sind wir unterwegs zur ersten Safari, denn das Wild ist in den Morgen- und Abendstunden viel reger als in der Mittagshitze. Im Vordergrund eine Schirmakazie (*Acacia*), ein Charakterbaum der ostafrikanischen Trockensavannen.

Meinen Kindern Almute, Utlinde und Uthelm als Erinnerung an gemeinsame ostafrikanische Erlebnisse mit ihren Eltern.

Franckh'sche Verlagshandlung, W. Keller & Co., Stuttgart/1979

LH 14 hö / ISBN 3-440-00301-9 / Printed in Germany / Imprimé en Allemagne
Gesamtherstellung: Konrad Triltsch, Graphischer Betrieb, 8700 Würzburg

Ostafrika in Farbe

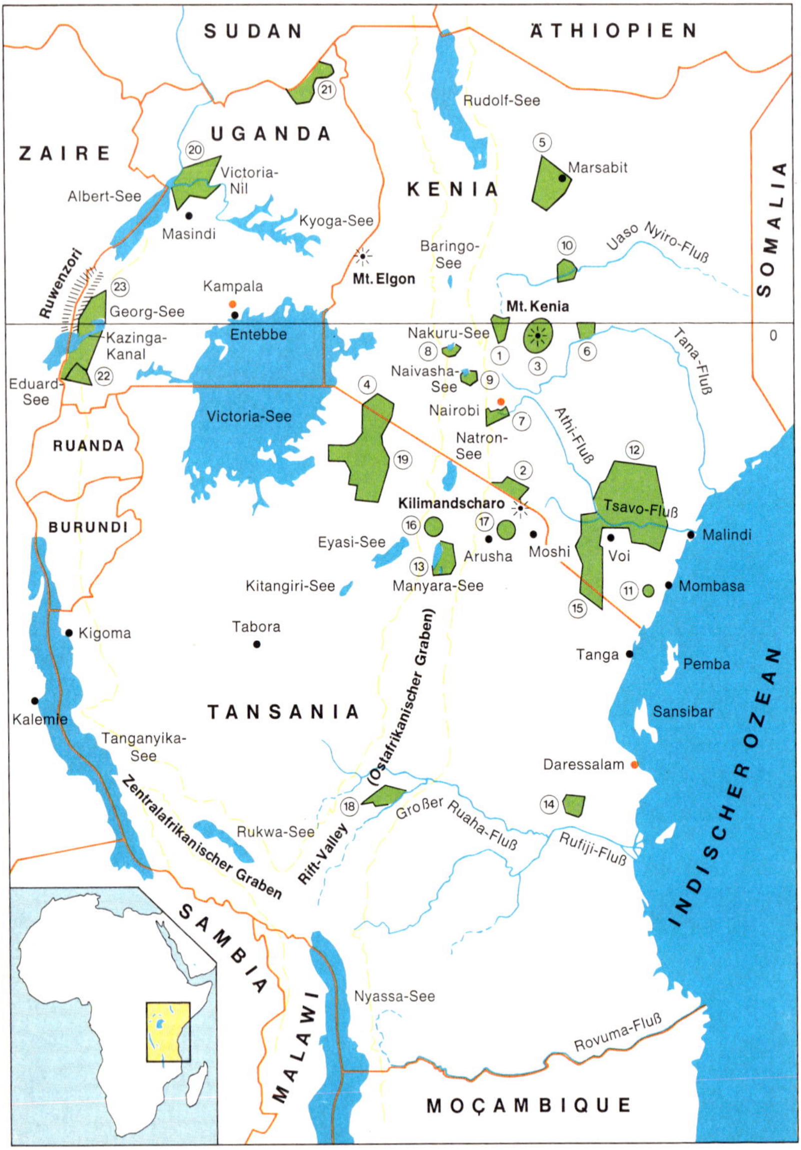
SUDAN
ÄTHIOPIEN
UGANDA
ZAIRE
KENIA
SOMALIA
RUANDA
BURUNDI
TANSANIA
SAMBIA
MALAWI
MOÇAMBIQUE
INDISCHER OZEAN
Rudolf-See
Marsabit
Victoria-Nil
Albert-See
Masindi
Kyoga-See
Uaso Nyiro-Fluß
Baringo-See
Mt. Elgon
Ruwenzori
Kampala
Georg-See
Entebbe
Mt. Kenia
Kazinga-Kanal
Nakuru-See
Tana-Fluß
Eduard-See
Naivasha-See
Victoria-See
Nairobi
Athi-Fluß
Natron-See
Kilimandscharo
Tsavo-Fluß
Malindi
Eyasi-See
Arusha
Moshi
Voi
Kitangiri-See
Manyara-See
Mombasa
Kigoma
Tabora
Tanga
Pemba
Sansibar
Kalemie
Tanganyika-See
(Ostafrikanischer Graben)
Daressalam
Zentralafrikanischer Graben
Großer Ruaha-Fluß
Rufiji-Fluß
Rukwa-See
Rift-Valley
Nyassa-See
Rovuma-Fluß
0
1 2 3 4 5 6 7 8 9 10 11 12 13 14 15 16 17 18 19 20 21 22 23

Einleitung

Ostafrika zieht Jahr für Jahr Zehntausende von Touristen in seinen Bann. So sehr die weiten weißen Sandstrände des Indischen Ozeans zu einem geruhsamen Badeurlaub verlocken mögen, gleich schöne tropische Strände gibt es auch anderswo. Die Hauptanziehungskraft Ostafrikas geht vielmehr nach wie vor von seiner einmaligen Tierwelt aus. Das Erlebnis der Wildnis, die Begegnung mit wehrhaftem Wild und kraftvollen Raubkatzen, der Anblick riesiger Tierherden und die Farbigkeit der Vogelwelt Ostafrikas begeistern jeden, ohne daß er ein besonderes Interesse an Natur und Tieren haben müßte.
Diese Großtiere, von Elefanten, Nashörnern und Raubkatzen bis zu Zebras, Giraffen und Antilopen, ziehen fast die ganze Aufmerksamkeit des Safariteilnehmers auf sich. Wir dürfen jedoch nicht vergessen, daß dieses heute längst vom Menschen aus den landwirtschaftlich genutzten Gebieten Ostafrikas verdrängte Großwild fast nur noch in den Nationalparks und Wildschutzgebieten in ursprünglicher Vielfalt anzutreffen ist. Nicht ohne Grund liegen diese Schutzgebiete in der Regel in den landwirtschaftlich weniger wertvollen Savannen und Trockengebieten des ostafrikanischen Hochlandes oder in den schlecht erschließbaren Hochgebirgszonen. Doch so einzigartig der Anblick der Großtierherden ist, Ostafrika hat dem Naturfreund noch mehr zu bieten. Es besitzt eine großartige Vielfalt unterschiedlicher Lebensräume von den der Küste vorgelagerten Korallenriffen, den Mangrovensümpfen, den Küstenwäldern, den Baum- und Dornbuschsavannen, den Bergregenwäldern und Hochgebirgsregionen, Flüssen, Seen und Salzseen bis zu den kargen Halbwüsten im äußersten Norden Kenias. Sie sind die Heimat sehr unterschiedlicher Tier- und Pflanzengesellschaften. Auch die vom Menschen genutzten, an Großtieren armen Gebiete beherbergen viele hochinteressante Tiere und Pflanzen, die kennenzulernen bereits einen Besuch Ostafrikas lohnen würde. Sogar ein Stadturlaub oder erst recht ein Badeurlaub an der mit Korallenriffen und Mangrovenwäldern gesäumten Küste kann für den Tier- oder Pflanzenliebhaber zu einem unvergeßlichen Erlebnis werden.

Bild 2. Nationalparks und Wildschutzgebiete in Ostafrika.
Kenia: **1** Aberdare National Park, **2** Amboseli Masai Game Reserve, **3** Mt. Kenya National Park, **4** Mara-Masai Reserve, **5** Marsabit National Reserve, **6** Meru Game Reserve, **7** Nairobi National Park, **8** Lake Nakuru National Park, **9** Lake Naivasha, **10** Samburu-Isiolo Game Reserves, **11** Shimba Hills, **12** Tsavo National Park.
Tansania: **13** Lake Manyara National Park, **14** Mikumi National Park, **15** Mkomazi Game Reserve, **16** Ngorongoro Crater Conservation Area, **17** Ngurdoto Crater National Park, **18** Ruaha National Park, **19** Serengeti National Park.
Uganda: **20** Kabalega-Falls National Park, **21** Kidepo Valley National Park, **22** Kigezi Gorilla Reservation, **23** Ruwenzori National Park.

Landschaft, Flora und Fauna Ostafrikas sind so vielgestaltig und reich, daß sie sich nicht in einem Buch erfassen lassen. Allein für die Aufzählung der wichtigsten Tier- oder Pflanzenarten Ostafrikas würde der Umfang dieses Buches nicht ausreichen. Es kann deshalb keinen vollständigen Überblick über Tiere, Pflanzen und Lebensräume Ostafrikas geben, möchte aber den Blick über die gewiß einmalige Großtierwelt Ostafrikas hinaus auch auf seine Insekten, Fische, Lurche, Kriechtiere und Pflanzen lenken. Wer sich mit ihnen beschäftigt, kann seine Entdeckungsreise überall in Ostafrika beginnen, im Park des Hotels, in der nächsten Umgebung eines Camps oder einfach am Strand.

Lage und Bodengestalt Ostafrikas

Als Ostafrika wird im allgemeinen das Gebiet der Staaten Kenia, Tansania und Uganda, sowie der beiden kleineren Länder Ruanda und Burundi bezeichnet. Ostafrika reicht im Osten bis zum Indischen Ozean und hebt sich im Westen durch den steilen Abfall des Hochlandes zum Kongobecken hin eindeutig von Zentralafrika ab. Da der Nyassasee seine natürliche Südgrenze bildet, gehört der Norden von Mozambique und Malawi im Grunde genommen, ohne Rücksicht auf die Staatsgrenzen, ebenfalls zu Ostafrika. Im Norden schließen sich Somalia und Äthiopien ohne derart einschneidende Zäsuren an Ostafrika an, Länder, die bereits zu Nordostafrika gerechnet werden.
Leider stehen dem Touristen im Augenblick nur Tansania und Kenia nahezu uneingeschränkt offen. Uganda bietet sich seiner besonderen politischen Gegebenheiten wegen heute weniger als Reiseziel an. Dies ist um so bedauerlicher, als seine Nationalparks zu den landschaftlich schönsten Ostafrikas gehören und ihre Tier- und Pflanzenwelt zentralafrikanische Arten einschließt, die im übrigen Ostafrika fehlen.
Die Oberfläche Ostafrikas ist die vielgestaltigste und am reichsten gegliederte des afrikanischen Kontinents. Hier erheben sich die höchsten Berge Afrikas, hier liegen seine größten Seen. Ein mächtiger, rund 50 km breiter Grabenbruch, der Ostafrikanische Graben, zweiteilt das in der Regel um 1000 Meter hohe Hochland, das fast ganz Ostafrika einnimmt und dem im Osten nur ein schmaler, flacher Küstenstreifen vorgelagert ist. Das im Jungtertiär durch tektonische Kräfte entstandene System von Grabenbrüchen bildet zugleich Zonen starker, auch heute noch nicht beendeter vulkanischer Tätigkeit. Viele zum Teil noch tätige Vulkane erheben sich in der

Bild 3. Küste bei Mombasa. Ausgedehnte Saumriffe begleiten die ostafrikanische Küste südlich des Äquators. Bei Ebbe liegt die Oberseite des Riffes teilweise frei. Durch Hebungen des afrikanischen Festlandes ragen alte Riffteile ständig aus dem Meer. Die bei Flut an den Sockeln dieser alten Korallenfelsen nagende Brandung verleiht ihnen bizarre, oft pilzartige Formen.

Bruchzone oder an ihren Rändern. Ihre Aschen und Lavaströme sowie langgestreckte Seen füllen die ursprünglich wesentlich tieferen Risse der Erdrinde.
Der im Westen Ostafrikas in Nord-Südrichtung verlaufende Zentralafrikanische Graben bildet die Grenze zum zentralafrikanischen Kongobecken. Er ist ein Seitenzweig des großen afrikanischen Grabensystems, beginnt im Norden Ugandas mit dem Albertsee und setzt sich in weitem Bogen nach Südosten schwingend über den Kiwusee und den Tanganyikasee fort, um am Nyassasee mit dem Ostafrikanischen Graben zusammenzutreffen. Der Tanganyikasee ist mit 1435 m Tiefe der zweittiefste See der Welt. Seine Sohle liegt 662 m unter dem Meeresspiegel. Vulkane begleiten die Seenkette. Das mächtige bis 5109 m hohe schnee- und gletscherbedeckte Ruwenzori-Massiv hingegen ist eine hochgeschobene Scholle kristallinen Urgesteins. Es überragt im Süden Ugandas den Albertsee. Berge, Täler und Seen geben Zeugnis von den gewaltigen Kräften, die das ostafrikanische Hochland auseinanderzureißen drohen.
Der ebenfalls annähernd in Nord-Südrichtung östlich vom Zentralafrikanischen

Graben verlaufende Ostafrikanische Graben zerschneidet das ostafrikanische Hochland in zwei Hochebenen, die ihrerseits durch Inselberge und ältere Rumpfflächen in Zonen von verschiedener Höhe gegliedert werden. Er ist Teil eines über 6000 km langen Grabensystems: Der in der Türkei an den Ausläufern des Taurusgebirges beginnende Große Graben verläuft über den Jordan-Graben und das Tote Meer zum Roten Meer, gabelt sich in Äthiopien und zieht sich durch Ostafrika weiter zum Nyassasee und zum Sambesigraben. Im Graben selbst, dem Rift Valley, erheben sich viele tätige Vulkane, und an seinen Flanken türmen sich die höchsten Berge Afrikas, der 5895 m hohe schneebedeckte Kilimandscharo und der 5194 m hohe Mt. Kenia auf. Viele Seen des Rift Valleys, zum Beispiel der Natronsee, sind abflußlos und deshalb stark durch von den Vulkanen ausgeworfenes Natron versalzt. Sie werden teilweise von unübersehbaren Scharen von Flamingos bevölkert, die im salzhaltigen Wasser ihre Nahrung, kleine Krebstiere, Einzeller und Algen, finden. Der Natronsee beispielsweise ist über weite Strecken rot gefärbt von Algen.

Bild 4. Junger Kaiserfisch (*Pomacanthus imperator*). In den bei Ebbe entstehenden Tümpeln auf der Oberseite des nun teilweise offen liegenden Saumriffs bleiben zahlreiche Bewohner des Korallenriffs zurück. Sie lassen sich dort gut beobachten. Auf dem Foto ist die Jugendform des Kaiserfisches zu sehen, dessen Tracht weder in Farbe noch Zeichnung die Verwandtschaft mit den ausgewachsenen Tieren verrät.

Bild 5. Strandwinde (*Ipomoea pes-caprae*). Diese Verwandte unserer heimischen Zaunwinde siedelt oft als erste Pflanze auf tropischen und subtropischen Sandstränden, zu deren Befestigung sie mit ihren bis 10 m langen Ausläufern beiträgt. Sie besitzt wie viele tropische Küstenpflanzen ein großes Verbreitungsgebiet in beiden Hemisphären und ist gegen den hohen Salzgehalt des Korallensandes unempfindlich. Ihre Blüten öffnen sich nur vormittags.

Auch das Hochland der Krater in Tansania mit dem 22 km messenden Ngorongoro-Krater, dem zweitgrößten Krater der Welt, gehört zur Vulkanzone des Ostafrikanischen Grabens.

Zwischen dem Zentralafrikanischen Graben und dem Ostafrikanischen Graben erstreckt sich der 68 000 km^2 große flache, nur bis 85 m tiefe Victoriasee, der größte See Afrikas und der drittgrößte der Welt.

Ein drittes, weniger auffallendes Grabensystem zieht sich etwa parallel zu diesen beiden Bruchzonen im Indischen Ozean als Meeresgraben die ostafrikanische Küste entlang. Es trennt die Ostafrika vorgelagerten Inseln Pemba und Sansibar vom Festland. Der niedrige schmale Küstenstreifen, aus dem das ostafrikanische Hochland aufsteigt, ist die von pleistozänen Ablagerungen überdeckte Westkante dieses vom Meer ausgefüllten Grabens.

Während der Victoriasee, Eduard- und Albertsee zum Nil entwässern, speisen die Abflüsse des Tanganyikasees den Kongo. Der Nyassasee schließlich gehört zum Einzugsgebiet des Sambesi. Die in den Indischen Ozean mündenden Flüsse Ostafri-

Bild 6 (links). Wolfsmilchgewächs (*Euphorbia*). Stammsukkulente Euphorbien, die in der Alten Welt eine ähnliche Bedeutung besitzen wie Kakteen in der Neuen Welt, bewohnen in großer Zahl die Küstenwälder Ostafrikas und bilden oft kleine Dickichte; ein Hinweis darauf, daß hier trotz Äquatornähe und relativ großer Niederschlagsmengen ausgesprochene Trockenperioden zu überstehen sind. Die abgebildete Pflanze ähnelt sehr der dem Sukkulentenfreund wohlbekannten ebenfalls ostafrikanischen *Euphorbia grandicornis.*

Bild 7 (rechts). Haftschwanzgecko (*Lygodactylus picturatus*). Die Küstengebiete Kenias und Tansanias sind die Heimat dieses 7 – 8 cm langen am Tage aktiven Geckos. Es zeigt wie alle am Tage tätigen Arten der Familie lebhaftere Farben als seine bei Nacht aktiven Verwandten. Haftschwanzgekkos besitzen nicht nur auf den Zehen, sondern auch auf der Unterseite des Schwanzes Haftlamellen. Abgebildet ist ein Männchen, die Weibchen sind schlichter gefärbt.

kas, wie Tana und Galana und andere, entspringen sämtlich in den Vulkangebirgen des Ostafrikanischen Grabenbruches, an dessen östlicher Bruchstufe sie Stromschnellen und Fälle bilden. Sie sind verhältnismäßig klein und können sich nicht mit den aus dem Zentralafrikanischen Graben gespeisten Strömen Nil und Kongo messen.

Klima und Vegetationszonen

Klima und Vegetation stehen in enger Beziehung zueinander. Auch die Pflanzenwelt Ostafrikas entwickelte sich in unmittelbarer Abhängigkeit vom Klima. Menge und Verteilung der Niederschläge bestimmen neben den Böden das Pflanzenkleid Ostafrikas. Obwohl der Äquator auf der Höhe des Nordufers des Victoriasees durch Kenia und Uganda, also mitten durch Ostafrika läuft, herrscht in Ostafrika wider Erwarten nicht das stetig feuchtwarme Regenwaldklima der Niederungen anderer äquatornaher Gebiete unserer Erde, beispielsweise des benachbarten Kongobekkens, des südamerikanischen Amazonasbeckens oder der südostasiatischen Insel-

welt. Ursache sind die geringeren Niederschlagsmengen und deren unregelmäßige Verteilung über das Jahr. Sie erreichen in Ostafrika nur an wenigen Stellen das für das Entstehen und Gedeihen eines Regenwaldes notwendige Minimum von 1500 mm Niederschlag im Jahr. In den meisten Regionen fallen kaum mehr als 700, in den Halbwüsten Nordkenias sogar wesentlich weniger Niederschläge.
Bezeichnend für die von Passat und Zenitalregen geprägten feuchten Niederungen ist das Fehlen ausgeprägter Trockenperioden von längerer Dauer und starker Unterschiede zwischen Tag- und Nachttemperaturen. In Ostafrika indessen kennzeichnen der schroffe Wechsel lang ausgedehnter Trockenzeiten und relativ kurzer Regenzeiten sowie das starke Gefälle zwischen Tag- und Nachttemperaturen das Großklima. Die Regenzeiten bedeuten, wie auch in anderen tropischen Gebieten, nicht ununterbrochene Regenfälle. Zwischen den meist sehr heftigen, oft nächtlichen Regengüssen liegen Stunden mit vollem Sonnenschein und nicht selten besonders guten Sichtverhältnissen.
Ursache für diese Abweichung des Klimas Ostafrikas von der für andere Gebiete gleicher geographischer Breite geltenden Norm ist neben der Höhenlage des Gebietes die Abschirmung großer Teile Ostafrikas durch die mächtigen Gebirgsketten am Rande der Grabenbrüche gegen die regenbringenden Westwinde sowie der Einfluß des trockenen, vom asiatischen Festland kommenden Nordost-Monsuns, der Ostafrika noch berührt. Die am Äquator zwischen den regenarmen Passatwinden jeweils

etwa vier Wochen nach dem höchsten Stand der Sonne niedergehenden Zenitalregen kommen in Ostafrika nicht voll zur Wirkung, da sie sich an den Luvseiten der Gebirge abregnen, bevor sie die ostafrikanische Hochebene erreichen. Der in halbjährlichem Wechsel mit dem feuchten Südwestmonsun wehende Nordostmonsun bringt trockene Luft nach Ostafrika. Die größere Intensität der Sonneneinstrahlung in hohen Lagen schließlich sorgt im Hochland für schnelle Verdunstung.
Die stark gegliederte Oberfläche Ostafrikas in scharf voneinander abgehobene Landschaften, der Gegensatz zwischen Luv- und Leelage der Gebirge und die unterschiedliche Höhenlage lassen kein einheitliches, für das ganze Gebiet bezeichnendes Klima zu. Sie teilen vielmehr Ostafrika in mehrere recht gegensätzliche Klimazonen.
Die höchsten Niederschläge fallen im Gebiet des Victoriasees, am Mt. Kenia und im Küstensaum mit den ihm vorgelagerten Inseln, die geringsten im Norden und Nordosten Kenias. Dementsprechend besitzen die zuerst genannten Gebiete die üppigste, der Norden und Nordosten Kenias mit seinen Halbwüsten die kargste Vegetation.
Größere Temperaturunterschiede als die als Trocken- und Regenzeiten ausgeprägten Jahreszeiten bringt das Tageszeiten-Klima Ostafrikas, der Unterschied zwischen Tag- und Nachttemperatur. Die Abende und Nächte können im Hochland und in den Gebirgen empfindlich kühl sein.

Bild 8 (links): Straße im Tsavo-Park. Typisch für die trockenen Savannen Ostafrikas sind über weite Strecken rotbraune bis rote Böden. Es handelt sich hierbei nicht immer um ausgelaugte Lateritböden. Ein Charakterbaum der lichten, aber buschreichen Trockenwälder ist der mächtige Baobab *Adansonia digitata*. Diese Baumriesen werden nicht selten vollständig von Elefanten zerstört. Nahezu alle großen Nationalparks Ostafrikas liegen in diesen trockenen, für die Landwirtschaft wenig geeigneten Gebieten.

Bild 9 (rechts). Blühende Impalalilie (*Adenium obesum*). Die Pflanzenwelt der Trockengebiete entwickelt vor allem in der Regenzeit eine ungeahnte Blütenfülle. Das auch Elefantenfuß oder Wüstenrose genannte giftige *Adenium obesum,* ein stammsukkulentes Hundsgiftgewächs, blüht jedoch in der Trockenzeit. Es wird mittlerweile auch bei uns als Zimmerpflanze angeboten und läßt sich sogar aus mitgebrachten Samen ziehen.

Klima und Vegetation des Küstengebietes

Im schmalen, meist nur 30 – 50 km breiten Küstensaum Ostafrikas herrscht ein feuchtheißes Klima mit doppelter Regenzeit. Trotzdem erreichen auch hier die Niederschläge nicht die für das Gedeihen eines typischen Tiefland-Regenwaldes notwendige Höhe. Statt dessen dominiert Feuchtsavanne mit kleineren eingestreuten Waldgebieten. An den Einmündungen der Flüsse gedeihen Mangrovenwälder. Die Regenzeiten dauern im ostafrikanischen Küstenstreifen von April bis Mai und von Oktober bis Dezember. Das Küstengebiet Südtansanias erlebt nur eine Regenzeit.

Klima und Vegetation des Hochlandes

Das Klima der zwischen 800 und 1500 m hohen Hochebenen, in denen sich die Mehrzahl der ostafrikanischen Nationalparks befindet, ist ein sogenanntes Savannenklima mit verschiedenen Typen regengrüner Savannen und Trockengehölzen. Durch den schroffen Gegensatz zwischen Regen- und Trockenzeiten gekennzeichnet, zeigt die Savanne ein doppeltes Antlitz. Die in der Trockenzeit kahlen Gehölze und das verbrannte Gras verleihen der Landschaft stumpfe gelbe, graue und braune Farben. Gleich nach den ersten Regenfällen, wenn neues Gras austreibt und sich

die Gehölze belauben, prangt die Savanne in saftigem Grün. In diese Zeit fällt die Blütezeit all der Pflanzen, die in der Trockenzeit kaum auffallen. Leider versinken die unbefestigten Wege bei starken Regenfällen im Schlamm, so daß in der Hauptregenzeit Safaris nicht uneingeschränkt möglich sind.
Während das östliche äquatornahe Hochland Kenias zwei Regenzeiten erlebt, kennen der Süden Tansanias und der Norden Kenias nur eine Regenzeit. Die Hauptregenzeit der äquatornahen Zone dauert zum Beispiel im Gebiet von Nairobi von März bis Mai, die kleine Regenzeit von November bis Dezember.
Je nach Höhe der Niederschläge entwickeln sich im Savannengürtel karge Dornbuschsavannen, mit einzelnen Bäumen bestandene Trockensavannen, von lichten Akazienwäldern geprägte Miombosavannen oder Feuchtsavannen. Am Rande der Gewässer verdichtet sich der Baumbestand zu kleinen Galeriewäldern.

Klima und Vegetation in Nordkenia

Im besonders niederschlagsarmen Norden Kenias dominieren bei weniger als 600 mm Niederschlag im Jahr trockene Dornsavannen mit stark bedornten oder sukkulenten Sträuchern. Am Rudolfsee finden sich sogar noch trockenere Halbwüsten. Nur an den Luvseiten der Gebirge konnten sich stellenweise Wälder entwikkeln.

Klima und Vegetation im höheren Hochland und im Hochgebirge

Das am Rand des Ostafrikanischen Grabens liegende Hochland zeichnet sich durch ein sehr differenziertes Klima aus, das von Luv- und Leelage der Gebirgshänge, vom Regenschatten der Berge und den sehr unterschiedlichen Höhenlagen geprägt wird, die von etwa 1500 m bis zu den über 5000 m hohen Berggipfeln reichen. Da die den Graben säumenden Gebirge Ost- wie Westwinde abregnen lassen, herrscht im Graben selbst ein nahezu wüstenartiges Trockenklima. Hier befinden sich die großen abflußlosen Salzseen. Das nicht im Regenschatten liegende, um 2000 m

Bild 10 (rechts oben). Büschelohr-Spießböcke (*Oryx gazella callotis*). Das offene Busch- und Grasland des ostafrikanischen Hochlandes südlich des Tanaflusses bildet den Lebensraum dieser eindrucksvollen Antilope. In der Mittagszeit sucht sie wie viele andere auf das Leben in Trockengebieten eingestellte Huftiere den Schatten der weitausladenden Akazien auf, die in der Nähe der Flußläufe zusammen mit anderen Bäumen, darunter auch Palmen, lichte Galeriewälder bilden.
Bild 11 (rechts unten). Kleiner Kudu (*Tragelaphus imberbis*). Während der Spießbock im offenen Grasland oft mit Zebras und Grantgazellen vergesellschaftet größere Herden bildet, lebt der Kleine Kudu paarweise im trockenen dichten Buschwerk der Dornbusch-Savanne. Nur die Weibchen schließen sich gelegentlich zu kleinen Trupps zusammen. Der Kleine Kudu ist in Ostafrika, in Kenia, Tansania und Uganda zu Hause, fehlt aber in Ruanda und Burundi.

hohe Hochland indessen weist eine üppigere Vegetation mit Feucht- und Trockensavannen auf. Die Temperaturen steigen kaum höher an als in gemäßigten Zonen. Hier liegen die landwirtschaftlich wertvollsten Gebiete Ostafrikas.
An den Luv-Hängen der Berge schließlich finden wir montane Regenwälder, die später von anderen Pflanzengesellschaften der tropischen Hochgebirge abgelöst werden, um schließlich dem ewigen Schnee der Gipfel des Kilimandscharo, des Mt. Kenia und des Ruwenzori zu weichen.

Klima und Vegetation des Beckens des Victoriasees und Ugandas

Das Gebiet um den 1134 m hoch gelegenen Victoriasee gehört mit durchschnittlich 1250 mm Niederschlägen im Jahr zu den feuchtesten des ostafrikanischen Hochlandes. Die Grenzen zwischen Regen- und Trockenzeit verwischen dank der Lage unmittelbar unter dem Äquator und dank der großen Verdunstungsfläche des Victoriasees. Auch in den verhältnismäßig trockenen Monaten Juni und Juli sowie Dezember bis Februar fallen Niederschläge. Die Vegetation dieses Gebietes, von kleineren Regenwäldern unterbrochene Feuchtsavannen, ist deshalb das ganze Jahr hindurch grün. Dies gilt für den größten Teil Ugandas mit Ausnahme des trockenen Nordens. An den Hängen der Hochgebirge gliedert sich die Vegetation in vertikaler Richtung ähnlich wie in den anderen ostafrikanischen Gebirgen.

Die Küste

Korallenriffe, weiße Sandstrände, Mangrovenwälder, Pandanusgehölze, Kokospalmenhaine und Plantagen kennzeichnen die Landschaften des ostafrikanischen Küstenstreifens und der ihm vorgelagerten Inseln. Eine Aufzählung, die bereits zeigt, daß die ostafrikanische Küstenlandschaft dem Naturfreund weit mehr zu bieten hat als nur einen erholsamen Badeurlaub, wie ihn die Reiseveranstalter als Alterna-

Bild 12. Massaigiraffe (*Giraffa camelopardalis tippelskirchi*). Alle fünf afrikanischen Giraffen gehören einer Art an, drei von ihnen sind in Ostafrika heimisch. Doch auch innerhalb der Unterarten zeigen sie eine beträchtliche individuelle Variationsbreite, wie das Bild einer von der Norm abweichenden Massaigiraffe zeigt. Die Giraffe erschließt den pflanzenfressenden Huftieren als neue Nahrungsquelle das Laub hoher Bäume. Erst die perfekte Ausnutzung des Nahrungsangebotes ermöglicht das Bestehen großer Herden pflanzenfressender Tiere in den Savannen Afrikas.

tive oder Ergänzung einer Safari durch die Nationalparks anbieten. Höchst interessante, nur in den Tropen gegenwärtige Lebensgemeinschaften laden ebenso zur Erkundung ein wie die vielfältige Welt der tropischen Zier- und Nutzpflanzen. Allein das Erlebnis der Unterwasserwelt der Korallenriffe rechtfertigt eine Reise nach Ostafrika.

Sandstrand

Die Korallenriffe, die sich über große Strecken die ostafrikanische Küste entlangziehen, sind Saumriffe, die sich auf dem ins Meer absinkenden Festlandssockel aufbauen. Die Oberkante der oft sehr breiten Riffe reicht bis dicht zur Wasseroberfläche und liegt bei Ebbe großenteils frei, eine Gelegenheit, sogar ohne ins Wasser zu steigen, einen ersten Einblick in die Welt der Korallenriffe zu gewinnen.
Zwischen Riff und Festland erstreckt sich ein weißer Strand aus Korallensand. Hier läßt sich beobachten, wie einzelne Pflanzenarten, z. B. das Windengewächs *Ipomoea pes-caprae* oder die Mittagsblume *Sesuvium portulacastrum,* auf bloßem salzigem Sand siedeln und so zur Befestigung der Dünen beitragen. Beide Arten sind bezeichnenderweise Kosmopoliten der Tropen und Subtropen beider Hemisphären. Einige Gräser wagen sich ebenso weit vor. Als erste Gehölze siedeln am Strand immergrüne Pandanus- oder Schraubenbaumarten und *Scaevola*-Sträucher. Auf Sansibar haust im Iozaniwald, einem dichten Pandanuswald, das sei am Rande vermerkt, der seltene Rote Colobusaffe *Colobus badius kirkii.*
Die meisten Seevögel – Seeschwalben, Möwen, Tölpel, Fregattvögel und andere –, die mehr oder weniger regelmäßig an der Küste auftauchen, brüten auf oft weit entfernten Inseln und nicht oder nur selten auf dem Festland.
Auf den Sandflächen selber fallen vor allem mit großen Scheren bewehrte Winkerkrabben auf. Sie halten durch selbstgegrabene Röhren, in die sie sich bei Gefahr

Bild 13 (links oben). Blauer Acanthus (*Ecbolium revolutum*). Dieser kleine Zwergstrauch gehört wie die gleichfalls in Ostafrika vertretenen, auch dem deutschen Blumenfreund bekannten Gattungen *Crossandra* und *Justicia* zur Familie der Akanthusgewächse. Er ist in den trockenen Savannen des Hochlandes von Kenia heimisch und besticht trotz seiner geringen Größe durch das schöne Blau seiner Blüten.
Bild 14 (rechts oben). Weinblättriger Hibiskus (*Hibiscus vitifolius*). Ein kleiner Strauch, der in Kenia weitverbreitet ist. Er bewohnt die Ränder der Trockenwälder, wächst am Wegrand und wird der schönen Blüten wegen gern in den Garten geholt. Die Massai und Kipsigis stellen aus seinen Zweigen Bogenschäfte her.
Bild 15 (unten). *Barleria spec.* Das Bild eines noch nicht benannten ostafrikanischen Akanthusgewächses unterstreicht die Vielgestaltigkeit der Familie. Es bewohnt ähnliche trockene Gebiete wie seine blaue Verwandte und ist ebenfalls ein kleiner Strauch, der in der Trockenzeit blüht, dem Safariteilnehmer trotzdem kaum einmal auffällt.

blitzschnell zurückziehen, Verbindung zum Grundwasser. Trotzdem fällt manche von ihnen dem spitzen Schnabel eines Reihers zum Opfer.
Alte, durch Hebung des Festlandes über den Meeresspiegel herausragende Teile des Riffes erheben sich an vielen Stellen aus dem Sand. Die an ihrem Sockel nagende Flut formte aus diesen Klippen bizarre schirm- oder pilzartige Gebilde, wahrhaftig eine phantastische Landschaft.

Korallenriff

Zu den faszinierendsten Lebensräumen der Tropen gehören zweifellos intakte, von einer vielgestaltigen farbenprächtigen Tierwelt bewohnte Korallenriffe. Hier finden Fische und niedere Meerestiere Nahrung und Heimat, hier baut sich eine beim pflanzlichen und tierischen Plankton beginnende Nahrungskette auf, deren Nutznießer an ihrem Ende auch der Mensch als Fischer ist. Erst die Spezialisierung jeder einzelnen im Riff lebenden Tierart auf typische Bereiche des Riffs als Lebensraum und auf ganz bestimmte Nahrung ermöglichen die dichte Besiedlung der Riffe und die optimale Ausnutzung der vorhandenen Nahrung in diesem verhältnismäßig kleinen Lebensraum. Eine Parallele dazu, die ebenfalls die dichte Besiedlung eines Biotopes ermöglicht, finden wir in einem ganz anderen Lebensraum Ostafrikas, in der Savanne. Die Vielzahl der pflanzenfressenden Huftiere macht sich nur deshalb keine Nahrungskonkurrenz, weil sie sich alle Bereiche des Pflanzenwuchses, auch das Laub der Bäume, erschlossen hat und nahezu jede Art besondere Gräser, Kräuter oder Blätter als Nahrung bevorzugt.
Fast jeder Bewohner des Korallenriffes ist gleichzeitig Jäger und Gejagter. Die verästelten Korallen, die Höhlen und Spalten des Riffs oder auch der Sand, in den sich viele Tiere bei Gefahr schnell eingraben, machen das Riff trotzdem zu einer relativ sicheren Zufluchtsstätte. Neben großen Vermehrungsraten dienen Anpassungs- und Schutzmechanismen mannigfaltigster Art dem Überleben im Riff. Einige Beispiele sollen dies erläutern: Zu nennen wäre das Zusammenleben der harmlosen Anemonenfische mit giftdrüsenbewehrten Seeanemonen, die Okkupation leerer Schnekkengehäuse durch Einsiedlerkrebse zum Schutz des weichen Hinterleibs, Warnfarben, die den Gegner erschrecken, augenähnliche Zeichnungen an der Schwanzwurzel gewisser Fische, die Freßfeinde am falschen Ende zuschnappen lassen, das Einnebeln der Tintenfische mit tarnender Flüssigkeit, die sich so dem Blick des Feindes entziehen, oder das Verhalten der Kugel- und Igelfische, die sich bei Gefahr mit Wasser zu einem viel zu großen Beutestück aufblasen.
Bereits am Körperbau der Fische können wir ihre Lebensweise und Nahrung erkennen. Schmetterlingsfische holen mit ihrem spitzen schnabelartigen Maul Algen und kleinste Tiere aus den Ritzen im Korallenriff hervor, Papageifische zermalmen mit

Bild 16. Thomsongazellen (*Gazella thomsoni*). Die zierlichen, nur gebietsweise sehr häufigen Thomsongazellen leben in kleinen bis mittelgroßen Herden mit einem alten Weibchen als Leittier im offenen Grasland. Bei den jahreszeitlich bedingten Wanderungen jedoch schließen sie sich zu wesentlich größeren Herden zusammen.

ihrem kräftigen Gebiß beinahe mühelos die harten Korallenstöcke, und die besonders großen Augen der roten Soldatenfische sind ein Hinweis auf die Aktivität dieser tagsüber versteckten Raubfische im Halbdunkel der Dämmerung.
Viele Fische des Korallenriffs leben einzeln oder paarweise. Sie beanspruchen ein festes Territorium, aus dem sie Artgenossen vertreiben, nicht aber andere Fische, die keine Nahrungskonkurrenten oder Rivalen bei der Partnerwahl sind. Viele verwandte Fische, etwa Schmetterlingsfische verschiedener Arten, tragen Plakatfarben, die die Arten deutlich kennzeichnen und ihnen so ein Nebeneinander ermöglichen. Die verblüffenden Unterschiede zwischen Jugendkleid und Alterstracht ein und derselben Art, zum Beispiel vieler Kaiserfische, ermöglichen das Nebeneinanderleben jugendlicher und erwachsener Tiere einer Art, solange sie, was Nahrung und Partner betrifft, noch keine Rivalen sind. Große Fischschwärme finden wir erst am Rande des Riffes, wo es steil zur offenen See abfällt. Hier im offenen, versteckIosen Meer gewährt das Leben im Schwarm, in den auch ein Raubfisch nicht ohne weiteres eindringt, den besten Schutz. Wieder eine Parallele zu den sonst so anders-

artigen Tieren der Savanne: Viele Huftiere der offenen Savanne oder des reinen Graslandes schließen sich zu großen Herden zusammen, die in der offenen Landschaft immerhin eine gewisse Sicherheit bieten. Antilopen und andere Huftiere des Waldes oder Dornbusches, der ihnen gute Unterschlupfmöglichkeiten gewährt, leben meist einzeln oder paarweise oder bestenfalls in kleineren Verbänden.
Die Aufzählung unserer Möglichkeiten, das typische Verhalten der Tiere des Korallenriffes zu beobachten, ließe sich zu einer umfangreichen Liste verlängern. Bei Ebbe, wenn die Oberkante der Saumriffe aus dem Wasser ragt, können wir manche seiner Bewohner sogar betrachten, ohne selbst ins Wasser zu steigen. Wir entdecken sie in den meist recht kleinen Tümpeln, die sich zwischen den Korallenfelsen bilden. In ihnen finden wir blaue, rote oder gelbe Seesterne, prächtige Schnecken, auch Kaurischnecken, und vor allem Fische. Die meisten Fische fliehen, von den durch unsere Schritte verursachten Erschütterungen aufgestört, in ihre Schlupfwinkel oder graben sich geschwind im Sand ein. Doch wenn wir eine Weile geduldig warten, kommen viele von ihnen wieder zum Vorschein. Keinesfalls sollten wir übrigens das Riff mit seinen scharfen Kanten barfuß betreten.
Viel größer werden unsere Chancen indessen beim Schnorcheln oder Tauchen. Während wir mit Maske und Schnorchel versehen über das Riff gleiten, können wir in Ruhe seine unter uns ausgebreitete Lebewelt betrachten. Solange wir hastige Schwimmbewegungen vermeiden, fliehen die meisten Fische nicht einmal vor uns. Besonders günstige Plätze zum Schnorcheln sind größere, geschützte, lagunenartige Becken auf der Innenseite der Riffe. An der zum Meer abfallenden Seite müssen wir indessen gegen die Brandung kämpfen. Tauchen wir einige Meter tiefer, so gelangen wir auch dort in ruhigere Bereiche. Gleichzeitig stellen wir fest, daß hier andere Fische leben als weiter oben. Einen Sonnenbrand auf Rücken und Schultern vermeiden wir, indem wir beim Schnorcheln ein Hemd anziehen.
Eine richtige Tauchausrüstung mit Atemgerät schließlich erlaubt uns längere Exkursionen in größere Tiefen. Die ganze Farbenpracht des Riffes und seiner Bewohner erleben wir jedoch ebensogut oder besser beim Schnorcheln. Da mit zunehmender Wasserdichte die Rottöne immer stärker absorbiert werden, bekommen wir nämlich in größeren Tiefen nicht mehr viel von den Farben unter Wasser mit.
Das Korallenschutzgebiet beim Casuarina Point nahe Malindi ist ein beliebtes Ziel der Taucher. Eine Fahrt mit dem Glasbodenboot übers Riff empfiehlt sich nur für den Nichtschwimmer. Sie vermittelt nur einen blassen Eindruck von der Farbenpracht und Stille, die den Schnorchler oder Taucher im Riff umgibt.

Bild 17. Schwarzfersen-Antilope, Impala (*Aepyceros melampus*). Die gesellige, nur mittelgroße Schwarzfersen-Antilope zählt zu den häufigsten Antilopen Kenias und Tansanias, ist in Uganda jedoch sehr selten. Sie bewohnt die mit Akazien bestandenen Savannen und liebt die Nähe des Wassers. Ein Bock führt in der Regel eine Herde von 15–20 Weibchen. Nur die Männchen besitzen ein Gehörn.

Mangrovenwald

Die Einmündungen der ostafrikanischen Flüsse in den Indischen Ozean werden meist von Mangrovengehölzen gesäumt, Gesellschaften von Bäumen und Sträuchern, die optimal an das Leben im stark salzhaltigen Brackwasser und im Wechsel der Gezeiten angepaßt sind. Diese Mangrovendickichte schützen die von ihnen besiedelte Küste vor der landzerstörenden Tätigkeit des Meeres und tragen durch den Schlick, der sich im Gewirr ihrer Wurzeln ansammelt, zur Landbildung bei. Die typischen Gehölze dieses Lebensraumes besitzen hohe Stelz- oder Atemwurzeln, die auf schlammigem Grund ein für den Menschen auch bei Ebbe kaum begehbares Dickicht bilden. Nur vom Boot aus läßt sich bequem Einblick in diese eigenartig abweisende Landschaft gewinnen. Da Korallen nicht im Brackwasser gedeihen, ist das ostafrikanische Saumriff auf Höhe der Flußmündungen und Mangrovenwälder unterbrochen.

Die Mangrovengehölze der am stärksten belasteten Außenzone gehören fast ausschließlich einigen wenigen spezialisierten Gattungen an, u. a. aus den Familien der Mangrovengewächse, Sonneratiengewächse und Eisenkrautgewächse. Senkrecht aus dem Schlick aufragende Atemwurzeln verbessern die Sauerstoffversorgung des im dicken Schlamm steckenden weitläufigen Wurzelsystems. Stelzwurzeln, die sogar aus den hohen Baumkronen bis nach unten wachsen, verstärken die Verankerung der Bäume, die der Gewalt der Brandung standhalten müssen. Zugleich versorgen sie ähnlich wie die Atemwurzeln durch ihre Rindenporen die vom Schlick bedeckten Wurzeln mit Sauerstoff. Ein Teil des Salzes, das die Pflanzen mit dem Brackwasser aufnehmen, wird von den Blättern ausgeschieden. Die Samen der Gattung *Avicennia* keimen unmittelbar, nachdem sie auf dem Schlammboden gelandet sind, die von *Rhizophora* wachsen sogar noch am Baum zu Keimlingen heran, die wenige Stunden nach dem Abfallen Wurzeln bilden, so daß sie meist wurzeln, bevor sie ins Meer abgetrieben werden können.

Erst weiter landeinwärts treten zu diesen wenigen hochspezialisierten Gehölzen Arten anderer, weniger stark spezialisierter Familien hinzu, darunter Palmen, Malven- und Akanthusgewächse. Zwischen Mangrovenwald und Ufer erstreckt sich in der Regel ein nahezu pflanzenloser Sandstreifen.

Die Mangrovenwälder der ostafrikanischen Küste sind weniger ausgedehnt als die der feuchteren westafrikanischen Küste. Sie setzen sich außerdem aus anderen Arten der gleichen Gattungen zusammen: Die Mangrovengehölze Ostafrikas aus den Arten, die auch an den asiatischen Küsten vorkommen, und die Mangrovenwälder Westafrikas aus den Arten der südamerikanischen Mangroven. Ein Hinweis darauf, daß Ausbreitung und Austausch der Arten, wie zu erwarten, ausschließlich über das Meer erfolgen.

Den Mangrovenwald besiedeln, vor allem auf dem schlammigen Boden, verhältnis-

Bild 18. Ellipsen-Wasserbock (*Kobus ellipsiprymnus*). Dieser stattliche, an der ellipsenförmigen weißen Zeichnung seines Hinterteiles erkennbare Wasserbock bewohnt lichte Trockenwälder und entfernt sich nie weit vom Wasser. Die Weibchen tragen kein Gehörn. Außerhalb der Paarungszeit bilden die Männchen sowie die Weibchen mit den Jungtieren getrennte Herden. Der sehr ähnliche Defassa-Wasserbock kann als selbständige Art oder als eine der beiden Unterarten des Wasserbockes angesehen werden.

mäßig wenige, dafür aber sehr interessante Tierarten. Am bekanntesten sind die Schlammspringer (Familie Periophthalmidae), Fische, die, wenn nur die Luftfeuchtigkeit hoch genug ist, längere Zeit außerhalb des Wassers verbringen können und auf den Wurzeln der Mangrovengehölze ruhen oder auf dem Schlickboden nach Krabben jagen. An den Wurzeln der Gehölze siedeln Schnecken und Muscheln sowie Entenmuscheln, festangewachsene, schalenbildende Krebstiere. Im Schlick und auf den Wurzeln und Stämmen leben Krabben in großer Zahl.
Im Wasser selbst können wir viele Fische des Brackwassers entdecken. Dunkelgefärbte junge Fledermausfische – die ausgewachsenen Fische leben im Riff – lassen sich einem abgefallenen Blatt ähnlich im Wasser treiben und sind deshalb gut getarnt. Mit etwas Glück begegnen wir sogar einer Wasserschildkröte oder einem Rochen. Viele Vögel, die es auf Krabben, lebende oder angetriebene tote Fische abgesehen haben, finden im Mangrovendickicht reiche Beute. Unter den Watvögeln und Reihern begegnen wir auch Wintergästen aus Europa. Der schönste Vogel, der

hier nach Nahrung ausschaut, ist jedoch der stattliche weißköpfige Schreiseeadler *Haliaeëtus vocifer.*

Das Küstenhinterland

Die ursprüngliche Küstenlandschaft wurde überall, wo Menschen siedeln oder Hotels entstanden, zurückgedrängt. Auch die wie selbstverständlich zur Landschaft gehörenden Kokospalmenhaine sind weitgehend Werk des Menschen, und viele scheinbar ursprüngliche Biotope sind verwilderte, von der Natur wieder in Besitz genommene ehemalige Plantagen. Trotzdem finden wir im Küstenhinterland auch in der Nähe der Siedlungen, nicht selten dicht neben dem Kulturland, immer noch Feuchtsavannen, manchmal sogar kleine Regenwälder oder Euphorbienwälder mit stammsukkulenten strauch- oder baumwüchsigen Wolfsmilchgewächsen.

Für den Europäer, der das erste Mal die Tropen besucht, üben aber gerade die vom Menschen angelegten Pflanzungen und Parks schon ihrer Blütenpracht wegen eine besondere Anziehungskraft aus. Sie sind Treffpunkt tropischer Zier- und Nutzpflanzen aus aller Welt und erlauben es uns deshalb, schnell einen Überblick über die wichtigsten Arten zu gewinnen.

Größte Aufmerksamkeit erregen gewiß die schlanken hohen Kokospalmen *Cocos nucifera,* die unmittelbar am Strand in lichten Hainen wachsen. Jedes Teil, ob Stamm, Blatt, Frucht oder Blüte, wird verwertet. Wie sehr diese Palmen an das frische, feuchte Meeresklima gebunden sind, sehen wir auf einer Fahrt von der Küste ins Landesinnere. Schon bald nehmen Zahl und Größe der Kokospalmen ab, und nach einiger Zeit sind sie völlig verschwunden.

Die weltweite Herkunft der tropischen Kulturpflanzen beleuchtet bereits die Nennung einiger in Ostafrika beliebter Früchte. Der Mangobaum, ein Sumachgewächs, stammt aus Indien, Cashewbaum, Avokado, Papaya und Ananas kommen aus dem tropischen Amerika, Banane und Kokospalme aus Südostasien bzw. Polynesien. Die äußerlich unscheinbaren, aber um so erfrischenderen Früchte der in Brasilien heimischen Passionsblume, die gern als Dessert angeboten werden, gedeihen nicht im warmen Küstenstreifen Ostafrikas. Sie werden ebenso wie Tee und Kaffee im kühleren Hochland angebaut.

Beinahe noch kosmopolitischer ist die Herkunft der Zierpflanzen, die überall in Parks, Hotelgärten, vor den Hütten der Einheimischen oder als Straßenbäume gepflanzt werden. Die kurze Aufzählung einiger besonders geschätzter Arten soll dies verdeutlichen. Aus den Tropen Amerikas kommen die karminrote Bougainvillie, die gelbe Allamande *Allamanda carthartica,* die weiße Engelstrompete *Datura candida* und der blaulila blühende Jacaranda *Jacaranda mimosifolia,* aus Madagaskar der prächtige Flammenbaum *Delonix regia,* aus Ostafrika Impalalilie *Adenium obe-*

Bild 19. Rappenantilope (*Hippotragus niger*). Die Hornträger entwickelten sich in Afrika zu einer erstaunlich vielfältigen und artenreichen Familie. Eine der eindrucksvollsten Antilopen ist zweifellos die Rappenantilope. Nur die Böcke ziert das namensgebende tiefschwarze Fell, weibliche und junge Rappenantilopen hingegen besitzen ein kastanienbraunes Haarkleid. Die Rappenantilope hält sich in den stärker bewaldeten Savannen meist in der Nähe des Wassers auf. In Kenia kommt sie nur in den waldreichen küstennahen Shimba-Hills vor, in Tansania ist sie weiter verbreitet.

sum, Schwarze Susanne *Thunbergia alata* und Kerzenstrauch *Cassia didymobotrya*, aus Südostasien Hibiskus, Kreppmyrte *Lagerstroemia speciosa* und Goldregenbaum *Cassia fistula*.

Auch in der Trockenzeit, erst recht aber in der feuchten Jahreszeit, locken die in künstlich bewässerten Anlagen blühenden Pflanzen viele Insekten an. Unter ihnen prächtige Tagfalter aus den Familien der Ritterfalter (Schwalbenschwänze), Weißlinge, Danaiden, Acraeiden, Edelfalter und Bläulinge. Einige ungiftige Tagfalter verschiedener Familien ahmen das Aussehen der giftigen, von Vögeln und Reptilien als Nahrung gemiedenen Danaiden nach. Käfer, Bienen, Wespen, Hummeln und Fliegen finden sich ebenfalls an den Blüten ein. Im Gras und Gebüsch leben farbenprächtige Heuschrecken, Blattwanzen und Spinnen.

Im Freien angebrachte Leuchten locken nachts viele Insekten an, denen Geckos und Fledermäuse nachstellen. Kröten machen sich über die vom Licht geblendeten oder versengten und zu Boden gefallenen Insekten her. Die hübschen, im Küstengebiet häufigen Haftschwanzgeckos indessen sind im hellen Sonnenschein aktiv. Wer

am frühen Morgen die Nähe der Lampen absucht, kann manches interessante, vom nächtlichen Flug ausruhende Insekt finden. Besonders eindrucksvoll sind die großen Saturnspinner, die von kaum einem Tagfalter an Größe übertroffen werden. Die Braun- und Ockertöne ihrer Vorderflügel heben sich oft nur wenig von der Farbe des Ruheplatzes ab. Die von ihnen verdeckten Hinterflügel besitzen augenähnliche Warnzeichnungen. Sie werden erst beim Auffliegen sichtbar, und die Schrecksekunde wird gewiß oft genug einem aufgescheuchten Saturnspinner ausreichen, dem verblüfften Feind davonzufliegen.
Den von vielen Touristen gefürchteten, in Ostafrika keineswegs seltenen Giftschlangen begegnen wir höchstens einmal durch Zufall. Unübersichtliches Gelände mit hohem Gras und Buschwerk sollten wir vorsichtshalber nur mit festem hohem Schuhwerk betreten.
Die Zahl der Vogelarten, die sich auf dem Kulturland und in den Gärten einfinden und schon in unmittelbarer Nähe des Hotels anzutreffen sind, ist zu groß, als daß es möglich wäre, auch nur die wichtigsten Arten zu nennen. Besondere Aufmerksamkeit ziehen stets Webervögel auf sich, wenn sie mit großem Geschick ihr bis aufs Einflugsloch geschlossenes Nest weben. Sie zeigen in der Nähe der Hotels kaum Scheu vor dem Menschen. Im Gebiet von Mombasa, auch in den Gärten der Hotels, ist seit einiger Zeit die schwarzweiße Indische Hauskrähe *Corvus splendens* häufig zu sehen. Dieser wenig scheue asiatische Vogel kam über Sansibar, wohin er schon früher gelangte, aufs ostafrikanische Festland.

Savannen und regengrüne Trockengehölze

Vom einschneidenden Gegensatz zwischen Trocken- und Regenzeit geprägte Lebensräume, Savannen und regengrüne Trockengehölze, bedecken den größten Teil Ostafrikas, die regenreichen Luvseiten der Gebirge, die Hochgebirge und die

Bild 20 (rechts oben). Spitzmaulnashorn (*Diceros bicornis*). Der ostafrikanische Dornbusch, aber auch feuchtere Bergwälder bilden den Lebensraum des bis 3,5 m langen Spitzmaulnashorns, das in Ostafrika leider nur noch in den Naturschutzgebieten regelmäßig anzutreffen ist. Das um fast einen Meter längere Breitmaulnashorn hat noch stärker unter der Verfolgung durch den Menschen gelitten und ist in Ostafrika bis auf einen kleinen Bestand im Nordwesten Ugandas ausgerottet.
Bild 21 (rechts unten). Kaffernbüffel (*Syncerus caffer caffer*). Der wehrhafte Kaffernbüffel, das einzige Wildrind Afrikas, schließt sich in offenen Gebieten nicht selten zu großen Herden zusammen. Er bewohnt sehr unterschiedliche Lebensräume vom Wald und der offenen Savanne bis zum sumpfigen Schilfgürtel der Gewässer und ist im Gebirge noch in 4000 Meter Höhe anzutreffen.

wenigen küstennahen Tiefland-Regenwälder ausgenommen. Diese je nach Dauer der Trockenzeit in ihrer Prägung unterschiedlichen Savannen bilden den Lebensraum der für Ostafrika so typischen riesigen Herden großer pflanzenfressender Säugetiere. Savannen finden wir überall in Ostafrika, wo die Menge der Niederschläge unter 1500 mm im Jahr liegt und die Trockenzeit länger als zweieinhalb Monate dauert. Die Typen der Savanne und Trockengehölze reichen deshalb von Feuchtsavanne und Trockensavanne bis zur kargen Dornsavanne. Die Bezeichnung Steppe für gewisse Formen der Savanne ist unrichtig, da dieser Begriff nur für bestimmte trockene Vegetationstypen der gemäßigten Zonen gilt.
Der Tourist lernt die Savanne in der Regel als eine karge, in die rötlichen, gelben und braunen Farben entlaubter Bäume, kahler Äste, versengten Grases und ausgetrockneten Bodens getauchte Landschaft kennen. Doch in der Regenzeit überzieht das frische Grün des neuen Laubes und der emporschießenden Gräser die Landschaft, dazwischen blühen Stauden und Zwiebelpflanzen, die in der Trockenzeit bis auf ihre Speicherorgane, Rhizome oder Zwiebeln, verschwunden waren. Erst jetzt wird jedem deutlich, daß die geschlossene Krautdecke typisches Merkmal der Savannen ist.
Savannen und ähnliche offene, an Bäumen arme Landschaften entstehen in der Regel durch intensive Nutzung von Wäldern, zum Beispiel wiederholtes Niederbrennen durch den Menschen, durch Überweidung und die Tätigkeit vegetationszerstörender Wildtiere. Doch all diese Faktoren gelten in Ostafrika nur bedingt. Ausschlaggebend für die Entstehung eines ausgedehnten Savannengürtels ist zumindest gebietsweise die geringe Bodenschicht, die über den für Baumwurzeln undurchdringbaren Ergußgesteinen oder den nährstoffarmen Kiesschichten liegt.
Baumloses Grasland tritt in allen ostafrikanischen Savannentypen auf, sei es in feuchten Senken, in denen die trockenheitliebenden Gehölze der Savanne nicht gedeihen, sei es in wiederholt von Buschbränden heimgesuchten Gebieten, in denen feuerresistente Bäume fehlen.

Pflanzen der Savannen

Gräser aus verschiedenen Gattungen sind die wichtigsten und verbreitetsten Pflanzen der Savannen vom Dornbusch bis zur Feuchtsavanne. Unter ihnen finden wir Arten, die mehrere Meter hoch werden, so daß sie die kleineren Gehölze überragen

Bild 22. Gepard (*Acinonyx jubatus*). Obwohl der Gepard in Ostafrika wesentlich seltener ist als der in der Nacht aktive Leopard, wird er als am Tage jagende Raubkatze viel häufiger gesehen. Der hochbeinige Gepard, das schnellste Säugetier, bewohnt offene Savannen. Er lebt einzeln oder in kleinen Gruppen.

und verdecken. Alle Pflanzen der Savannen haben die Beweidung durch große Tierherden, eine lange Trockenheit und die fast alljährlich wütenden Buschbrände zu überstehen.
Dadurch, daß die pflanzenfressenden Säugetiere oft von Art zu Art verschiedene Pflanzen bevorzugen, werden die Pflanzen der Savannen recht gleichmäßig genutzt, so daß kaum eine Pflanzenart bevorzugt oder benachteiligt wird. Trotzdem darf die Einwirkung des Tierfraßes, der viele Pflanzen kurzhält, auf das Bestehen der Savannen nicht unterschätzt werden. Nur wenige Tiere allerdings richten so große Schäden an wie die Elefanten. Sie fällen mächtige Bäume, um an ihr Laub zu gelangen, entwurzeln ihnen im Wege stehende Bäume oder zerstören die Rinde anderer so stark, daß die Bäume absterben oder dem nächsten Buschbrand keinen Widerstand mehr leisten können. Wie wenig die Pflanzenwelt als Ganzes unter der Beweidung durch Wildtiere leidet, beweisen die viel größeren Schäden, die durch die Viehherden des Menschen entstehen. Die Hausrinder verschmähen zum Beispiel harte Gräser, die Wildtieren wie Zebras als Nahrung dienen, von Haustieren verschont jedoch überhandnehmen. Zugleich zertreten sie den Boden viel stärker als sogar wesentlich größere Herden pflanzenfressender Wildtiere, die nicht in dichtgedrängten, sondern in weitgestreuten Herden weiden.
Die langen Trockenperioden überstehen viele Gräser und Kräuter durch ihre unterirdischen Speicherorgane – Rhizome oder Zwiebeln – oder durch oberirdische suk-

Bild 23. Löwe (*Panthera leo*). Der Löwe, das größte Raubtier Afrikas, lebt geselliger als alle anderen Raubkatzen. Das Rudel durchstreift auf der Suche nach Beute in der Nacht große Gebiete. Am Tage stören sich potentielle Beutetiere nicht an der Nachbarschaft gesättigter Löwen. Gelassen in unmittelbarer Nähe eines Löwenrudels grasende Antilopen und Zebras bieten einen erstaunlichen, aber durchaus gewöhnlichen Anblick.

Bild 24 (rechts). Termitenbauten erregen fast überall in den afrikanischen Savannen unsere Aufmerksamkeit. Die Termiten tragen durch ihre Bautätigkeit wesentlich zur Lockerung und Durchlüftung des Bodens bei. Viele Tiere – Vögel, Säugetiere, Lurche, Kriechtiere und andere Insekten – stellen Termiten nach. Einige dringen sogar ins Innere der Bauten ein. Termiten, die ausschwärmen, um einen neuen Staat zu gründen, sind die leichteste Beute.

kulente Triebe. Die Speicherorgane ermöglichen ein schnelles Austreiben oder Blühen auch in kurzen Feuchtigkeitsperioden. Die stamm- oder sproßsukkulenten, mit großen Stacheln bewehrten Euphorbien der Trockenzonen ähneln im Habitus den neuweltlichen Kakteen, ohne näher mit ihnen verwandt zu sein. Gehölze schützt starke Bestachelung vor totalem Kahlfraß. Die Rinde vieler Bäume der Savanne ist wesentlich dicker als die ähnlicher Regenwaldarten, zugleich Schutz gegen übermäßige Verdunstung und Verbrennung bis ins Mark. Der markanteste Baum der ostafrikanischen Savannen, der Affenbrotbaum oder Baobab *Adansonia digitata* besitzt einen mächtigen tonnenartigen Stamm aus lockerem, wasserspeicherndem Gewebe. Die meist einzeln im Busch stehenden Baobabs bilden die Heimstätten vieler Tiere. Hier finden wir auch die Nisthöhlen der Nashornvögel. Das Männchen mauert das Weibchen in der Bruthöhle ein und versorgt es durch einen kleinen Durchlaß mit Futter. Bei einigen Arten, zum Beispiel Deckens Nashornvogel, schließt das Weibchen selber das Einflugloch von innen mit vom Männchen herbeigebrachtem Lehm. Die schnell um sich greifenden Buschbrände, die vor allem zu Beginn der Trockenperiode auch ohne Zutun des Menschen entstehen, scheinen der Pflanzenwelt der Savannen stärker zuzusetzen als Trockenheit und Beweidung. Sie tragen jedoch auch zur Verjüngung des Pflanzenwuchses bei. Die in der Regenzeit aufgefüllten Speicherorgane der bereits abgeblühten und fruchtenden Kräuter kann das Feuer nicht erreichen. Obwohl es in hohem Gras besonders stark wütet, überstehen feuer-

resistente Savannengräser die Brände, ohne völlig vernichtet zu werden: Der von einer dicken, aus zahlreichen Blattscheiden bestehenden Schicht umgebene Vegetationspunkt wird nicht vom Feuer angegriffen, nur die äußeren Blattscheiden versengen. Viele Gehölze bewahrt die dicke Rinde, von der ebenfalls nur die Außenschicht dem Feuer zum Opfer fällt, vor der Vernichtung, während andere eine erstaunliche Regenerationsfähigkeit abgebrannter Triebe zeigen. Trotzdem tragen die Buschfeuer wesentlich dazu bei, daß in der Savanne kein artenreicher Wald aufkommt, da nur feuerresistente Pflanzen den nächsten Brand überstehen, empfindliche Arten aber nicht durchkommen.
Das Wurzelwerk der typischen Savannenbäume, auch der Schirmakazien, reicht tief in den Boden hinein und breitet sich auch in horizontaler Richtung so weit aus, daß es in kurzer Zeit viel Wasser aufnehmen kann. Gleichzeitig bestimmt der Radius des Wurzelwerks den großen Abstand der einzelnen Bäume voneinander.
Aus der großen Zahl der in der Regenzeit treibenden und blühenden Zwiebelpflanzen der Savanne sei das Liliengewächs *Haemanthus multiflorus* herausgegriffen. Es ist eine nahe Verwandte der bei uns als Zimmerblume bekannten südafrikanischen Blutblume *Haemanthus coccineus.* Zu den wenigen Pflanzen, die sogar während der Trockenzeit im Dornbusch prächtige Blüten entfalten, gehört die giftige stammsukkulente Impalalilie *Adenium obesum*, ein Hundsgiftgewächs, das neuerdings bei uns als Zimmerblume angeboten wird.

Bild 25 (links). Steppenelefant (*Loxodonta africana oxyotis*). Einige Naturschutzgebiete Ostafrikas, zum Beispiel der Tsavo-Nationalpark, beherbergen so viele Elefanten, daß sie die Vegetation ernsthaft beeinträchtigen. In der Trockenzeit, wenn selbst die großen Flüsse kaum noch Wasser führen, müssen Elefanten weite Wanderungen zu noch offenen Wasserstellen unternehmen. Auf dem gegen Ende der Trockenzeit aufgenommenen Bild suchen vom Durst getriebene Elefanten in einem nahezu ausgetrockneten Wasserlauf verzweifelt nach Wasser.

Bild 26 (rechts). Grüne Meerkatze (*Cercopithecus aethiops*). Meerkatzen sind im allgemeinen Waldbewohner. Die in größeren Horden lebende, überall in Ostafrika häufige Grüne Meerkatze besiedelt indessen offenere Savannengebiete, Akazienwälder in der Nähe der Gewässer sowie echte Galeriewälder. In den Berg- und Regenwäldern Ostafrikas nehmen andere Meerkatzen ihre Stelle ein.

Tiere der Savannen

Die Savannen Ostafrikas, ob Dornbusch, Trockensavanne, Miombowald oder Feuchtsavanne, bilden den Lebensraum großer pflanzenfressender Säugetiere in einer nirgendwo sonst auf der Erde erreichten Arten- und Individuenzahl. Elefanten, Nashörner, Flußpferde, Zebras, Giraffen, Büffel, Antilopen und Gazellen, alle ernähren sich von den Pflanzen dieser in der Trockenzeit so karg aussehenden Gebiete. Es erscheint wie ein Wunder, daß diese Savannen eine derartige Vielzahl pflanzenfressender Großsäuger ernähren können, ohne daß die Vegetation ernsthaft leidet, ein Wunder, das nur durch die vollkommene Ausnutzung des Nahrungsangebotes möglich wurde. Diese Weidetiere verwerten Gräser, Kräuter und Blätter jeder Art und ihre große Vielgestaltigkeit ist das Ergebnis ihrer optimalen Anpassung an das Leben in den Savannen. Jede Art bevorzugt besondere Pflanzen als Nahrung und wird deshalb niemals ein Gebiet auf Kosten anderer Arten leerweiden. Das auffallendste Beispiel für die konsequente Ausnutzung aller pflanzlichen Nahrungsreserven liefern die Giraffen. Mit über fünf Meter Scheitelhöhe gelangen sie bis in die Kronen der relativ niedrigen Savannenbäume. Sie weiden dort das Laub ab, ohne Äste und Zweige zu beschädigen.
Im niedrigen Dornbusch erreicht sogar eine kleine Antilope, die zierliche Giraffengazelle, das Laub der höher liegenden Zweige, da sie einen stark verlängerten Hals

Bild 27 (links): Augurenbussard (*Buteo rufofuscus*). Der Augurenbussard, der häufigste Bussard Ostafrikas, lebt von Insekten, Reptilien und kleinen Säugetieren. Er segelt bei der Suche nach Beute gern um die Spitzen kleinerer Erhebungen. Sein Gelege besteht aus 1 – 3 Eiern.

Bild 28 (rechts oben). Deckens Nashornvogel (*Tockus deckeni*). Der weitverbreitete Deckens-Nashornvogel, eine der zwanzig ostafrikanischen Nashornvogelarten, bewohnt die trockenen Gebiete Ostafrikas. Das am schwarzen Schnabel kenntliche Weibchen verbringt die Brutzeit in einer Baumhöhle eingemauert und wird während seiner freiwilligen Gefangenschaft vom Männchen mit Nahrung versorgt. Die Jungen bleiben einige Wochen länger als das Weibchen in der wieder von innen verschlossenen Bruthöhle.

Bild 29 (rechts unten). Weißrückengeier (*Pseudogyps africanus*). Der häufigste und bekannteste der sieben ostafrikanischen Geier, der Weißrükkengeier, findet sich gern in großen Flügen am Aas ein. Er läßt sich auch durch die Nähe von Menschen nicht beim Fressen stören.

besitzt und sich beim Fressen auf ihren Hinterbeinen aufrichtet. Nicht wenige Antilopen leben vom Laub der Sträucher.

Die Grasfresser der Savanne stellen sehr differenzierte Ansprüche an ihre Nahrung. Zebras zum Beispiel fressen die harten Federborstengräser der Gattung *Pennisetum*, die von den anderen Grasfressern stehengelassen werden, und die ostafrikanische Jimela-Leierantilope begnügt sich mit dürren halbwelken Halmen, die andere Antilopen verschmähen. In den für Ostafrika so typischen, aus Pflanzenfressern verschiedener Arten und Familien, wie Zebras, Antilopen und Giraffen, zusammengesetzten gemischten Herden besteht deshalb keine echte Nahrungskonkurrenz zwischen den Arten.

In der einmaligen Formenvielfalt der afrikanischen Hornträger dokumentiert sich die großartige Anpassung dieser Säugetierfamilie an Leben und Nahrungsangebot der Savannen und der benachbarten Lebensräume. Sie reicht vom mächtigen Schwarzbüffel und der bis 180 cm hohen Elenantilope bis zu den grazilen, kaum über 30 cm hohen Dikdiks und den nur wenig größeren Duckern. Einige Arten sind auf das Leben in den Randgebieten der Savanne eingestellt: der Klippspringer auf das Leben im Fels, die Bongoantilope aufs Dasein in den ostafrikanischen Bergwäldern und einige nordafrikanische Arten auf die Existenz in der Wüste. Antilopen und Gazellen der trockenen Zonen entnehmen einen wesentlichen Teil ihres Flüssigkeitsbedarfs dem Saft der Gräser und Blätter.

Ernsthafte Schäden an der Vegetation richten, wie schon erwähnt, eigentlich nur Elefanten an. Doch Pflanzenteile, die von Elefanten unbeachtet liegen gelassen werden, dienen immerhin anderen Tieren, die sonst nicht an sie herangekommen wären, als Nahrung. Da Elefanten normalerweise große Wanderungen unternehmen, bleibt der Vegetation bis zu ihrer Wiederkehr meist genügend Zeit zur Regeneration. Heute indessen sind die Elefantenherden in den für sie zu kleinen Nationalparks eines Teils ihrer Wanderungsmöglichkeiten beraubt. In einigen Parks führen zu große Elefantenpopulationen zu dauernder Beeinträchtigung der Vegetation.

Erst die große Zahl pflanzenfressender Säugetiere bildet die Existenzgrundlage für eine ebenfalls vielgestaltige Raubtierfauna. Löwe, Leopard, Gepard, Hyäne und Hyänenhund jagen jeder auf seine Weise Huftiere. Serval, Schleichkatzen, Schakale und Löffelhund begnügen sich mit kleineren Tieren wie Nagern, Vögeln, Echsen und teilweise sogar Insekten.

Das Zusammenleben in Herden gewährt den großen Huftieren im offenen, dekkungsarmen Gelände der Savannen den bestmöglichen Schutz vor Raubtieren. In gemischten Herden ergänzen die unterschiedlich entwickelten Sinne der verschiedenen Tierarten einander, so daß jagende Raubtiere frühzeitig entdeckt werden.

Andererseits werden nicht jagende, im Augenblick also ungefährliche Raubtiere kaum beachtet. Nicht selten grasen Zebras oder Antilopen gelassen in unmittelbarer Nähe gesättigt ruhender Löwen.

In der vor allem in der Trockenzeit an Deckung armen Savanne bleibt den Gejagten bei Gefahr nur die schnelle Flucht. Gewiß einer der Gründe für die Existenz schneller Antilopen, Gazellen und Zebras. Da kein Raubtier in eine geschlossene Herde einzudringen vermag, fallen Raubtieren neben einzeln lebenden Tieren hauptsächlich die schwächeren Außenseiter einer Herde und Neugeborene zum Opfer. Raubtiere üben auf diese Weise eine Auslesefunktion aus und bilden zugleich ein Regulativ gegen die übermäßige Vermehrung der Weidetiere.

Das braune Fellkleid der meisten Antilopen hebt sich in der Trockenzeit kaum von der Umgebung ab. In der Regenzeit, wenn es stärker zum Grün kontrastiert, bietet der hohe Pflanzenwuchs guten Sichtschutz. Vom dunklen Fell der Gnus jedoch, das überall deutlich zur Landschaft kontrastiert, geht überhaupt kein Tarneffekt aus.

Bild 30 (rechts oben). Gelbhals-Frankolin (*Pternistis leucoscepus infuscatus*). Die gutgetarnten vorwiegend grau-braunen Frankoline, kleine bodenbewohnende Hühnervögel, heben sich kaum von der Bodenvegetation ab. Die abgebildete in Kenia heimische Rasse bewohnt ebenso Gras- und Buschland wie Kulturland. Das Gelbhals-Frankolin lebt in der Brutzeit paarweise, außerhalb dieser Periode jedoch in kleinen Trupps.

Bild 31 (rechts unten). Koritrappe (*Ardeotis kori*). Die stattliche, fast überall in Ostafrika heimische Riesen- oder Koritrappe erreicht 100 – 130 cm Länge. Sie lebt paarweise in den Savannen Ost- und Südafrikas und sucht ihre Nahrung auf dem Boden. Die Familie der Trappen steht den Kranichen, nicht den Hühnervögeln nahe.

Typische formauflösende Fellzeichnungen besitzen Giraffen und Zebras. Es ist erstaunlich, wie spät der Safariteilnehmer oft erst die großen Giraffen in der Baumsavanne entdeckt.
Die Raubtiere haben parallel zur Entwicklung schneller Pflanzenfresser mitgezogen. Der Gepard ist das schnellste Säugetier unserer Erde, kann seine Höchstgeschwindigkeit jedoch nur kurze Zeit durchhalten. Die im Rudel jagenden Hyänenhunde indessen steigern ihre Ausdauer, indem die Tiere einander an der Spitze ablösen. Wehrhafte Pflanzenfresser wie die beiden Nashornarten sind weder auf die Bildung größerer Herden noch auf schnelle Flucht angewiesen.
Verhältnismäßig klein ist die Zahl der Säugetiere, die wie Erdferkel und Warzenschwein den Boden durchwühlen. Von viel größerer Bedeutung für die Auflockerung und die Aufbereitung des Bodens sind die Termiten, von denen noch die Rede sein wird. Bei einer nächtlichen Fahrt durch die Savanne sehen wir bei Nacht aktive Säugetiere, die wir am Tage kaum einmal zu Gesicht bekommen, unter ihnen Schakale und die hochbeinigen Springhasen, die nicht zu den Hasenartigen, sondern zu den Nagetieren gehören.
Nur wenige Affenarten siedeln im baumarmen Savannengürtel: die Paviane, die sich gern am Boden oder auf Felsen aufhalten, und die Grüne Meerkatze, die als einzige Art der Gattung die Baumgruppen der Savannen in großen Horden bewohnt. In der Nähe der Camps und in so stark besuchten Parks wie dem Nairobi-Nationalpark haben sie sich auf die Nähe des Menschen eingestellt. Sie können dort recht aufdringlich werden.
Die überaus arten- und individuenreiche Vogelwelt der ostafrikanischen Savannen läßt sich in diesem relativ gut einsehbaren Lebensraum ganz im Gegensatz zur Avifauna der geschlossenen Waldgebiete außerordentlich gut beobachten. Zur großen Zahl der ostafrikanischen Brutvögel gesellt sich in unserem Winter eine Vielzahl von Zugvögeln aus Europa von der Blauracke bis zur Nachtigall und an den Gewässern von der Zwergrohrdommel bis zur Krickente.
Unter den Brutvögeln der Savanne spielen Körnerfresser, die sich von Grassamen ernähren, eine besondere Rolle. Aber auch Insekten- und Fruchtfressern unter den Vögeln bietet die Savanne Nahrung in Hülle und Fülle. Nektarvögel indessen, die das ganze Jahr auf blühende Bäume oder Kräuter angewiesen sind, bevorzugen im allgemeinen feuchtere Waldgebiete und Bergwälder als Lebensraum. Die wenigen Arten der trockenen Gebiete saugen an den Blüten der Akazien, die teils sogar in der Trockenzeit erscheinen.
Unter den Körnerfressern fallen die Webervögel besonders auf. Oft sind einzelnstehende Schirmakazien von weitem sichtbar mit Hunderten von Nestern behangen. In Gebieten mit Getreideanbau wurden einige Webervogelarten, allen voran der Blutschnabelweber, zu gefürchteten Schädlingen. Das durch den Menschen vergrößerte Nahrungsangebot hat eine Massenvermehrung dieses Webervogels zur Folge.

In der Fortpflanzungszeit tragen die Männchen der meisten Arten ein leuchtend rotes oder gelbes Hochzeitskleid. Außerhalb der Brutzeit sind die Männchen der Webervögel ebenso schlicht gefärbt wie die Weibchen. Einige Webervögel und viele der ebenfalls körnerfressenden ostafrikanischen Prachtfinken sind bei uns beliebte Stubenvögel.

Zu den auffälligsten Insekten- und Fruchtfressern der ostafrikanischen Savanne gehören die oft durch ein farbenprächtiges metallisch schillerndes Gefieder ausgezeichneten Glanzstare. Der bekannteste ist der in den meisten Camps sehr zutrauliche gelbrotblaue Dreifarbenglanzstar, der schönste der weniger häufige langschwänzige Königsglanzstar. Der Königsglanzstar ist wie unser Star ein Höhlenbrüter und ernährt sich von Früchten und Insekten.

Nicht zu übersehen sind die ebenfalls von Früchten und Insekten lebenden Nashornvögel. Der Gelbschnabeltoko, die häufigste ostafrikanische Art, macht sich auch über Abfälle und Speisereste her. In den Camps haben überhaupt viele Vögel

Bild 32 (rechts oben). Siedleragame (*Agama agama lionotus*). Die am Tage aktive, bis 35 cm lange Siedleragame besitzt ein ähnlich großes Verbreitungsgebiet wie der Blauschwanzskink. Sie findet sich, wie der Name andeutet, oft in der Nähe der menschlichen Behausungen. Abgebildet ist das Weibchen. Die bunteren Männchen bestechen durch das Rot des Kopfes und das Stahlblau von Rücken und Schwanz.

Bild 33 (rechts unten). Blauschwanzskink (*Mabuya quinquetaeniata*). Der bis 24 cm lange Blauschwanzskink bewohnt im Savannengürtel Gebüsche, Galeriewälder, steinige Biotope und Sandflächen. Er ist in ganz Ostafrika sowie Teilen Nord- und Westafrikas zu Hause und sonnt sich gern auf Steinen. Jungtiere fallen durch ihren prächtig blauen Schwanz besonders auf.

ihre Scheu vor dem Menschen abgelegt, in der Kilaguni-Lodge (Tsavo-Park) zum Beispiel auch der andernorts recht vorsichtige Königsglanzstar. Zusammen mit vielen anderen Vögeln – Webern, Dreifarbenglanzstar, Gelbschnabeltoko, Bartvögeln und vielen anderen – stellt er sich regelmäßig nach den Mahlzeiten auf der Terrasse der Lodge ein, um die zurückgebliebenen Krumen aufzupicken.
Besonders gut getarnt sind die oft in großen Flügen lebenden Frankoline und ähnliche Hühnervögel, die wir oft erst im letzten Augenblick entdecken. Größter Vogel der offenen Biotope ist der Strauß.
Die Greifvögel der Savannen haben sich teilweise auf das Schlagen ganz bestimmter Beutetiere spezialisiert. Der hochbeinige Sekretär erbeutet mit Vorliebe Giftschlangen, die er so lange mit seinen Füßen bearbeitet, bis er die ermüdete Schlange gefahrlos verschlingen kann. Da er nicht gegen das Gift der Schlangen gefeit ist, breitet er die Flügel zum Schutz des Körpers weit aus. Die meisten Greifvögel jedoch stürzen sich aus der Luft auf ihre Beute, die sie oft aus großer Höhe erspähen.
Die in Ostafrika mit sieben Arten vertretenen Geier verlassen sich bei der Suche nach Aas ebenfalls auf ihren äußerst gut entwickelten Gesichtssinn. Die zu den Störchen gehörenden Marabus sind wie die Geier wichtige Aasvertilger.
Von den Reptilien der Savanne lernt der Safariteilnehmer in der Regel nur die Arten kennen, die in die Nähe der Safarilodges oder in die Gärten der Hotels kommen. Zu ihnen gehören die überall häufigen Siedleragamen, verschiedene Skinke,

Bild 34 (links). Gebirgswald. Ausgedehnte Regenwälder, wie wir sie im Kongobecken finden, fehler in Ostafrika. Auf den Luvseiten der Gebirge indessen konnten sich ähnlich auf gleichbleibende Feuchtigkeit angewiesene immergrüne Gebirgswälder entwickeln.

Bild 35 (rechts). Feuerwinde (*Stictocardia beraviensis*). Safaris werden kaum einmal in der Regenzeit durchgeführt, in der die Wege im Schlamm versinken, das Gras die Sicht verdeckt und das Wild nicht auf die Wasserstellen angewiesen ist. Der Tourist erlebt deshalb nicht die Pracht einer blühenden Savanne. Eher begegnen wir blühenden Wildpflanzen in den immerfeuchten Bergwäldern, wie z. B. der abgebildeten, in Ostafrika weitverbreiteten Windenart.

von denen der Blauschwanzskink am meisten auffällt, in der Nacht aktive Geckos sowie Schildkröten. Schlangen sehen wir nur zufällig oder überfahren am Straßenrand.

Bereits die große Zahl der Reptilien, die Jagd auf Insekten machen, und die Fülle insektenfressender Vögel weisen auf die reiche Insektenfauna der Savannen hin. Viele Körnerfresser, wie die Webervögel und Prachtfinken, verfüttern außerdem Insekten an ihre Jungen. Einen kleinen Einblick in die Farbenpracht ostafrikanischer Schmetterlinge, Käfer, Wanzen und Heuschrecken erhalten wir schon in nächster Umgebung der Camps und Hotels.

Für jeden unübersehbar sind die nicht selten meterhohen Bauten der staatenbildenden Termiten. Termiten sind keine Verwandten der Ameisen, sie stehen vielmehr den Schaben und Fangschrecken – nicht den Heuschrecken – am nächsten. Der Termitenstaat, in dem stets König und Königin leben, unterscheidet sich deutlich von dem der Ameisen, der ausschließlich von einer Königin begründet wird. Termiten gelten als gefährliche Holzzerstörer, einige von ihnen gefährden die Häuser der Menschen. Da die Arten der Savanne jedoch großenteils totes Holz zerfressen, sorgen sie für schnelleren Abbau abgestorbener Pflanzen. Bei der Errichtung der ausgedehnten oberirdischen Nestbauten vieler Termitenarten werden große Teile des Bodens umgewälzt und zerkleinert, eine Tätigkeit, die sehr zur Auflockerung und Durchlüftung des Bodens beiträgt. Positive und negative Einwirkungen von Termi-

Bild 36 (oben). Abendstimmung im ostafrikanischen Hochland. Die unter dem Äquator liegenden Gebiete kennen nur eine sehr kurze Dämmerung; die Verfärbungen des Abendhimmels und der Wolkenbänke ist deshalb nur von kurzer Dauer.
Bild 37 (rechts). Das Kilimandscharo-Massiv mit dem höchsten, schneebedeckten Berggipfel Afrikas überragt den Amboseli- und den Tsavopark, ist aber oft ganz oder teilweise von Wolken verdeckt. Es bildet eine atemberaubende Kulisse zum Tierleben in der Savanne und am in der Trockenzeit zum größten Teil ausgetrockneten Amboselisee.

ten auf Boden und Vegetation üben jedenfalls in den ostafrikanischen Savannen an vielen Stellen einen Einfluß auf das Landschaftsbild aus, der weit über das Sichtbare hinausgeht.

Typen der Savanne

Geographische Lage, Höhenlage, Böden, Nutzung durch Wildtiere und Mensch, Häufigkeit der Brände und vor allem die Menge der Niederschläge und die Dauer von Regen- und Trockenzeit sind entscheidend für die Entstehung und Ausbreitung der verschiedenen Savannentypen. Allen gemeinsam sind Gräser und Kräuter als Bodenbewuchs sowie der mehr oder weniger lichte bis fehlende Baumbestand. Innerhalb der vier ostafrikanischen Hauptgruppen Feuchtsavanne, Trockensavanne, Miombowald und Dornsavanne und der in ihnen vertretenen Pflanzengesellschaften bestehen weitere Differenzierungen, auf die hier nicht eingegangen werden soll.

Bild 38. Neben den mächtigen Vulkanen, die den Ostafrikanischen Graben überragen, gibt es im immer noch vulkanisch aktiven ostafrikanischen Hochland viele kleine Vulkankegel wie den Shaitani in der Nähe des Kilaguni-Lodge im Tsavopark. Hier können wir den mehrere Meter dicken Lavastrom eines noch in jüngster Zeit tätigen Vulkans betreten.

Feuchtsavannen entwickeln sich nur in Zonen mit verhältnismäßig hohen Niederschlägen, die im Jahresdurchschnitt zwischen 800 und 1600 mm liegen und in denen die Trockenzeit bzw. Trockenzeiten nicht länger als 2 – 5 Monate dauern. Sie sind daher in Westafrika verbreiteter als in Ostafrika, wo sie vornehmlich in Uganda und im Küstenstreifen anzutreffen sind. Typisch für die Feuchtsavanne sind der zwei bis drei Meter hohe Grasbestand und der Artenreichtum der Gehölze. In Gebieten mit noch höheren Niederschlägen kann die Vegetation der Feuchtsavanne in die des Regenwaldes überleiten.

Trockensavannen herrschen in Gebieten vor, in denen sich die Niederschläge im Jahresdurchschnitt zwischen 500 und 1200 mm bewegen und die Trockenzeit sich über 5 – 7 Monate erstreckt. Sie bedecken deshalb weite Teile der ostafrikanischen Hochebene. Ihr Gras- und Krautbewuchs bleibt wesentlich niedriger als der der Feuchtsavanne, die Höhe der Bäume, die oft schirmartige Kronen besitzen, beträgt nur 12 – 15 m. Ein wichtiger Charakterbaum der Trockensavanne ist der mächtige Baobab oder Affenbrotbaum. Da sich dieser Baum der Familie der Wollbaumgewächse (Bombacaceae) vielseitig nutzen läßt, wird er von den Eingeborenen gern in ihren Dörfern gepflanzt. Die Gehölze der Trockensavanne verdichten sich nur stellenweise zu waldähnlichen Formationen.

Der Miombowald erstreckt sich zusammen mit ähnlichen west- und zentralafrikanischen Waldsavannen in einem breiten Gürtel südlich des Äquators quer durch den afrikanischen Kontinent. In Ostafrika bedeckt er große Teile von Tansania. Der Name dieser 8 – 15 m hohen Savannengehölze leitet sich von der Eingeborenen-Bezeichnung für die fiederblättrigen Bäume der Gattung *Brachystegia* her. Sie gehören zu der Hülsenfrüchtlerfamilie Caesalpiniengewächse (Caesalpiniaceae) und stellen mit den Arten einiger anderer Gattungen aus der gleichen Familie die wichtigsten Bäume dieses Trockenwaldes.

Der Miombowald entwickelt sich in ähnlichen, nur ein wenig feuchteren Klimazonen wie die übrigen Trockensavannen und hebt sich von ihnen u. a. durch den dichteren Baumbestand ab. Die recht artenarme Gehölzflora des Miombowaldes besteht

Bild 39. Die Mzimaquellen sprudeln im Tsavopark als unterirdisch aus den 48 km entfernten Chyulu-Bergen herbeigeführtes kristallklares Wasser aus einer Lavaspalte. Ihr Abfluß, der Mzimafluß, mündet nach 7 km in den Tsavofluß. Der kleine Quellsee ist eine wichtige natürliche Wasserstelle und bildet gleichzeitig eine grüne Oase.

aus weitgehend feuerresistenten Arten, die die durch den hohen Graswuchs begünstigten Brände gut überstehen. Die Bäume verlieren ihr Laub nur für eine kurze Zeit und tauchen den Miombowald kurz vor Beginn der Regenzeit beim Laubausbruch in ein Meer vielfach schattierter Rottöne, die erst später dem Grün des vollentwickelten Laubes weichen.
Die auch Dornbusch genannte Dornsavanne schließlich beschränkt sich auf Gebiete mit 200 bis höchstens 700 mm Niederschlag im Jahr und 7 – 10 Trockenmonaten, die sich in der Regel auf zwei Trockenzeiten verteilen. Während 1 – 3 m hohe dornenreiche Gehölze und sukkulente Pflanzen überwiegen, erreichen die Bäume der Dornsavanne kaum mehr als 8 m Höhe. Dornsavannen bedecken in Ostafrika vor allem im nördlichen Kenia größere Gebiete.

Überflutungsgebiete und Gewässer im Bereich der Savannen und Trockengehölze Ostafrikas

Überall, wo fließende und stehende Gewässer in den ostafrikanischen Savannen für größere Bodenfeuchtigkeit sorgen, gedeiht eine üppigere Vegetation, die sich eindrucksvoll von ihrer trockeneren Umgebung abhebt. Flußläufe sind schon von weitem an den Galeriewäldern zu erkennen, die sich als schmaler grüner Streifen an ihnen entlang ziehen. Da tiefwurzelnde Gehölze auch an das weit unter dem Bodenhorizont stehende Grundwasser gelangen, werden sogar zeitweise ausgetrocknete Wasserläufe und stehende Gewässer von dichterer Vegetation gesäumt. Neben fiederblättrigen Leguminosen, oft Akazien, wachsen in den Galeriewäldern Bäume mit breiten Blättern und Palmen. Zu den bemerkenswertesten Palmen Ostafrikas gehören die auch an trockenen Standorten anzutreffenden, bis 15 m hohen Doumpalmen der Gattung *Hyphaene*, die einzigen Palmen mit gabelig verzweigten Stämmen. Die Dauer der Überflutung ist wesentlich für die Zusammensetzung und Ausdehnung der Galerie- und Auwälder.
Am Rande der Gewässer bedecken nicht selten ausgedehnte Papyrus-Gesellschaften große Flächen. Sie gedeihen auch an Stellen, die nicht das ganze Jahr unter Wasser stehen, aber immer gut durchfeuchtet bleiben. Neben dem echten 1,5 – 5 m hohen Papyrus *Cyperus papyrus*, dem unser Papier seinen Namen verdankt, umfassen diese Pflanzengesellschaften weitere Arten der Zypergräser. Selbstverständlich beherbergen fließende wie stehende Gewässer die verschiedensten Wasserpflanzen. Die in Ostafrika weit verbreitete Blaue Seerose *Nymphaea caerulea* sei als eine der schönsten Wasserpflanzen des Gebietes genannt.

Bild 40. Die Wasserfälle des Nils. Im Norden Ugandas stürzt sich im Kabalega-Nationalpark der Victoria-Nil durch eine nur 6 Meter breite Felsspalte in die Tiefe, einer der landschaftlichen Höhepunkte Ostafrikas. Es sind die in Kabalegafälle umgetauften Murchinsonfälle. Der Nationalpark ist unter anderem berühmt wegen seiner Krokodile.

Gewässer, Galeriewälder, Papyrusdickichte und Röhrichte beherbergen eine reiche eigene Tierwelt. Gleichzeitig kommen viele Bewohner der Savanne zum Trinken ans Wasser. Die Ufer der Gewässer, an denen das Wild zur Tränke geht, und die Galeriewälder sind vor allem in der Trockenzeit, wenn viele Wasserstellen versiegt sind, hervorragende Plätze zur Beobachtung von Wild, Vögeln und anderen Tieren. Der ständige Wechsel der aus der Savanne zur Tränke ziehenden Tiere bietet einen faszinierenden Anblick.

Doch auch die Gewässer selbst beherbergen eindrucksvolle Tiere. Flußpferde bewohnen fließende und stehende Gewässer vieler Art. Sie begnügen sich sogar mit kleinen, isoliert in der Trockensavanne liegenden Gewässern, wenn sie nur das ganze Jahr hindurch genügend Wasser führen. Das bekannteste Beispiel liefern die im Tsavo-Nationalpark gelegenen Mzimaquellen. Besonders große Flußpferdpopulationen bestehen in Uganda in den Seen des Ruwenzoriparks und im Victoria-Nil.

Das Nilkrokodil, das leider sehr unter der Verfolgung durch den Menschen leidet, besiedelt wie das Flußpferd auch isoliert liegende Gewässer, wie die Mzimaquellen

und Seen im Rift Valley. Der Victoria-Nil in Uganda ist berühmt wegen seiner vielen Krokodile. Der bis 2 m lange Nilwaran *Varanus niloticus* lebt amphibisch, bewegt sich aber geschickter auf dem Trockenen als die Krokodile.
Außerordentlich reich und farbig ist die Vogelwelt der ostafrikanischen Gewässer. Kormorane, Schlangenhalsvögel, Pelikane, Störche wie Nimmersatt und Sattelstorch, eine Vielzahl von Watvögeln, Enten, Nilgänse, der schwarzweiße Heilige Ibis, farbenprächtige Eisvögel und viele andere Arten sind mehr oder weniger stark an die Gewässer gebunden. Einer der größten Eisvögel ist der schwarzweiße Grauliest. Von den Reihern sei der rostbraune Goliathreiher als stattlichste Art genannt. Der nur 50 cm große Kuhreiher hat sich von Afrika aus über viele warme Gebiete beider Hemisphären ausgebreitet. Er ist nicht an die Gewässer gebunden, da er vom Wild beim Weiden aufgescheuchte Insekten und Hautparasiten der Großtiere verzehrt. Er übt also teilweise eine ähnliche Tätigkeit aus wie die zu den Staren gehörenden Madenhacker. Besonders reizvolle Geschöpfe sind die Blatthühnchen, die auf den Schwimmblättern der Seerosen und anderer Wasserpflanzen laufen, ohne einzusinken. Zu den vielen heimischen Wasservögeln Ostafrikas gesellen sich in unserem Winter Zugvögel aus Europa.
Flamingos finden ihre Nahrung nur in den salzhaltigen Seen des Ostafrikanischen Grabens. Sie erscheinen dort in beinahe unübersehbar großer Zahl.
Stattliche Greife wie der bereits erwähnte Schreiseeadler oder der kosmopolitische

Bild 41 (links). Flußpferde (*Hippopotamus amphibius*) im Victoria-Nil. Flußpferde verbringen den Tag im Wasser und gehen erst bei Einbruch der Dunkelheit zum Weiden an Land. Sie benutzen dabei feste Wechsel. Flußpferde bewohnen nicht nur große Seen und Flüsse, sondern auch sehr kleine Gewässer wie die Mzima-Quellen, wenn sie nur das ganze Jahr Wasser führen.

Bild 42 (rechts). Marabu (*Leptoptilos crumeniferus*). Der überall in Ostafrika häufige Marabu, ein Storch, ist in erster Linie Aasfresser. Ähnlich den Geiern, mit denen er oft zusammenlebt, erspäht er hoch in der Luft schwebend seine Nahrung.

Fischadler horsten auf großen Bäumen am Rande der Gewässer, in denen sie Fische und, wie der Schreiseeadler, Wasservögel schlagen.

Im Wasser und im Ried leben viele Frösche. So wenig ihr Konzert zu überhören ist, so selten sehen wir diese gut getarnten oder auf den Blattunterseiten versteckten Lurche, wenn wir sie nicht bewußt suchen.

Von der reichen Fischfauna der ostafrikanischen Seen und Flüsse kommen dem Touristen in der Regel nur die als Speisefische verwendeten großen Arten zu Gesicht. Der Aquarienfreund jedoch weiß, wie viele farbenprächtige kleinere Arten diese Gewässer beherbergen, unter ihnen viele als Aquarienfische begehrte Buntbarsche. Leider bereitet es viel größere Schwierigkeiten, Süßwasserfische in ihrem natürlichen Lebensraum zu beobachten als Korallenfische, da die Sicht dort meist viel schlechter und das Tauchen in krokodilreichen oder von *Bilharzia* verseuchten Gewässern weitaus gefährlicher ist als im Riff.

Der üppige Pflanzenwuchs an den Ufern der Gewässer bietet vielen Insekten Lebensraum an. Unter den Libellen Ostafrikas finden wir neben typischen tropischen Arten und Gattungen andere, deren Verbreitungsgebiet bis nach Europa reicht. Die Gattung *Trithemis* zum Beispiel ist mit einer Art in Südeuropa zu finden, die Feuerlibelle *Crocothemis erythraea* ist in Afrika wie in Südeuropa anzutreffen, und die Große Königslibelle *Anax imperator* fliegt, allerdings in verschiedenen Unterarten, bei uns wie in Ostafrika.

Inselberge

Mitten aus der mehr oder weniger flachen Savanne heben sich an vielen Stellen Ostafrikas kleine Felsgruppen, Bergkuppen oder ausgedehnte Höhenzüge. Sie setzen sich aus hartem Gestein zusammen, das weniger stark von der Erosion zersetzt und abgetragen wurde als das sie ursprünglich umgebende weichere Material. Von der meist baumlosen Höhe der Inselfelsen schweift unser Blick weit über die von unten unübersichtliche Savanne.
Auf diesen Inselbergen wachsen neben Arten der Savannen auch andere, den besonderen Lebensbedingungen dieser Erhebungen angepaßte Pflanzen. Auf den voll der Sonne ausgesetzten Felspartien siedeln sukkulente Pflanzen aus verschiedenen Familien, unter ihnen Euphorbien und Aloën. Am Fuße größerer Inselberge sorgt das von oben abfließende Wasser für eine größere Bodenfeuchtigkeit. Sie ermöglicht eine dichtere Vegetation als in der angrenzenden Savanne, so daß nicht selten Wälder die Inselberge umrahmen.
Viele Tiere, unter ihnen Nashörner, Löwen und Leoparden, suchen gern die Inselberge auf. Andere Säugetiere wie Klippspringer und Klippschliefer haben sich ganz dem Leben im Gestein angepaßt. Der Klippspringer, eine kleine Antilope mit langen spitzen Hufen, bewohnt paarweise oder in kleinen Gruppen weit voneinander entfernte Inselberge, fehlt aber in der dazwischen liegenden Savanne. Er steht unseren Gemsen an Geschicklichkeit nicht nach. Der nur murmeltiergroße Klippschliefer, trotz seiner Kleinheit der nächste lebende Verwandte der Elefanten, haust in größeren Kolonien im Geröll. Viele der Greifvögel, die auf den Inselbergen horsten, stellen ihm nach.

Gebirge

Die großen Berge und Gebirge Ostafrikas ragen ähnlich wie die wesentlich kleineren Inselberge mehr oder vereinzelt und ohne Verbindung untereinander aus den heißen Savannen des Hochlandes auf. Die Fünftausender Kilimandscharo, Mt. Kenia und Ruwenzori reichen mit ihren höchsten Gipfeln sogar bis in die Zone des ewigen Eises. Jedes Gebirge Ostafrikas bildet trotz vieler Gemeinsamkeiten durch seine Isolation eine Welt für sich mit vielen endemischen Unterarten und Arten in Tier- und Pflanzenwelt. Fast alle großen Berge Ostafrikas sind mächtige, teilweise heute noch tätige Vulkane. Das 105 km lange Gebirgsmassiv des Ruwenzori ist als

Bild 43. Horst des Schreiseeadlers (*Haliaeëtus vocifer*). Der stattliche weißköpfige Schreiseeadler ist in ganz Afrika südlich der Sahara, Somalia ausgenommen, zu Hause. Er ernährt sich hauptsächlich von Fischen und Wasservögeln. Nicht selten jagt er anderen fischfangenden Vögeln ihre Beute ab.

einziges ostafrikanisches Hochgebirge nicht vulkanischen Ursprungs. Es besteht aus den kristallinen Gesteinen des Grundgebirges Ostafrikas und wurde bei der Entstehung des Großen Grabenbruches als Horst nach oben gedrückt. Es setzt sich deshalb, obwohl es später entstand, aus älteren Gesteinen zusammen als die großen Vulkane.

Trotz des verschiedenartigen Ursprungs und ihrer Isolation ähneln die vertikalen Vegetationszonen der ostafrikanischen Gebirge einander so stark, daß sie zusammen betrachtet werden können. Sie reichen von Berg-Regenwald, Bambuswald, Kosowald und Baumheidengebüschen über die afroalpine Horstgras- und Riesenlobelienregion bis zur pflanzenleeren Gletscherzone.

Die Pflanzenwelt der ostafrikanischen Gebirge zeigt einige bemerkenswerte Parallelen und Verbindungen zur Gebirgsflora Kameruns, Fernando Pos sowie der Kanarischen Inseln. *Canarina abyssinica*, eine Rankpflanze der ostafrikanischen Bergwälder aus der Familie der Glockenblumengewächse, gehört zu einer aus nur drei Arten bestehenden Gattung. Zwei Arten sind im östlichen Afrika heimisch, die dritte, *Canarina canariensis*, die Kanarische Glockenblume, wächst als endemische Pflanze in den Lorbeerwäldern der Kanarischen Inseln an der Westseite Afrikas. Die beiden weit voneinander entfernten Areale der Gattung sprechen dafür, daß vor der Austrocknung der Sahara ein geschlossenes Verbreitungsgebiet der Gattung *Canarina* bestand.

Berg-Regenwälder

Große immergrüne Tiefland-Regenwälder, wie sie weite Teile des Kongobeckens überziehen, fehlen im wesentlich höher gelegenen Ostafrika. Statt dessen bedecken an den feuchten Luvhängen, meist der Ostseite der Gebirge, in Höhenlage zwischen 1350 und 2800 m montane Berg-Regenwälder die Hänge. Die untere Grenze dieser Wälder wurde vom Menschen an vielen Stellen durch Rodungen und landwirtschaftliche Nutzung weiter nach oben verlegt.
Die Gehölze dieser immerhin bis 40 m hohen Regenwälder entstammen zum großen Teil den gleichen Gattungen wie die der afrikanischen Tiefland-Regenwälder. Neben Laubbäumen mit breiten glänzenden oder behaarten Blättern siedeln hier auch Baumfarne und Koniferen. Die Äste der Bäume sind reich mit Überpflanzen besetzt, die auf hohe Luftfeuchtigkeit angewiesen sind. Diese epiphytischen Farne, Moose und Orchideen sind keine Schmarotzer, die ihren Wirtspflanzen Nährstoffe entziehen, sondern sie suchen nur Halt an ihnen. Auffallend stark ist bei den epiphytischen Orchideen der Anteil von nachts duftenden Arten mit weißen Blüten und langem Sporn, Nachtfalterblumen, die von langrüsseligen, in der Nacht fliegenden Schmetterlingen bestäubt werden. Die weltweit in den Tropen verbreitete Orchideengattung *Vanilla* ist in Ostafrika durch einige robuste, halbterrestrisch lebende Kletterpflanzen vertreten.

Andere Bergwälder

Die artenreichen Berg-Regenwälder werden in der Regel in Höhen zwischen 2300 und 2700 m von artenarmen Bambuswäldern abgelöst. Diese reichen oft bis 3200 m, können aber auch wie zum Beispiel am Kilimandscharo ganz fehlen. Der Bergbambus *Arundinaria alpinia* bildet 9 – 12 m hohe Dickichte, die für den Menschen nur mühsam zu durchqueren sind. Diese Gräser blühen gleichzeitig und sterben danach ab. Doch die neuen Schößlinge bilden ein noch dichteres Gewirr.
An die Bambuswälder schließen sich häufig Koso-Wälder an, mit dem 5 – 15 m hohen Kosobaum *Hagenia abyssinica,* einem Rosengewächs, als dominierendem Gehölz. Im artenreichen Unterholz wachsen neben Akanthus-Gewächsen Sträucher der auch in Mitteleuropa heimischen Gattungen *Hypericum* (Johanniskraut) und

Bild 44. Abendstimmung am Eduardsee (heute Idi-Amin-See). Der ehemalige Queen-Elizabeth-Park und heutige Ruwenzori-Nationalpark ist einer der schönsten Nationalparks Ostafrikas. Im Vordergrund ist eine baumartige sukkulente Kandelabereuphorbie *Euphorbia candelabrum* zu sehen. Die Grenze zu Zaire verläuft durch den See.

Rubus (Brombeere usw.). Unter den Kräutern finden sich ebenfalls viele bei uns vorkommende Gattungen wie *Viola* (Veilchen), *Cardamine* (Schaumkraut), *Rumex* (Ampfer) und *Thalictrum* (Wiesenraute).

Auf den Trockenseiten der Gebirge nehmen in Höhen zwischen 1600 und 2800 m Steineiben-Wälder (*Podocarpus*), die weniger hohe Ansprüche an die Feuchtigkeit stellen, den Platz der Berg-Regenwälder ein. Diese Koniferenwälder erreichen mit 20 – 30 m Wipfelhöhe nicht die Höhe der Berg-Regenwälder. Andere wichtige Gehölze der Steineibenwälder stammen aus den Gattungen *Olea* (Ölbaum) und *Juniperus* (Wacholder). Im Bereich der Flüsse und Gebirgsbäche entstehen auch auf den Trockenseiten üppigere Auenwälder, in denen unter anderem Baumfarne eine wichtige Rolle spielen.

Vegetationszonen oberhalb der Waldgrenze

Die bis etwa 2700 – 3330 m reichenden *Hagenia*-Wälder bilden in der Regel die Waldgrenze. Ihnen folgen zwischen 3000 und 3600 m Höhe oft auf moorigem

Grund Heidegebüsche, in denen die Baumheide *Erica arborea* dominiert. Dieses auch auf den Kanarischen Inseln heimische Heidekrautgewächs wird 2 – 5, ausnahmsweise sogar bis 12 m hoch. Es ist meist dicht behangen mit Bartflechten der weltweit verbreiteten Gattung *Usnea.* Weitere Charakterpflanzen dieser Heidegebüsche sind baumförmige, bis 6 m hohe *Senecio*-Arten mit schopfförmig angeordneten Blättern an der Spitze der Stämme. Die als Kreuz- oder Greiskraut bekannte Gattung *Senecio* ist in Mitteleuropa ausschließlich durch krautartige Arten vertreten. Der auch in unseren Wäldern häufige Adlerfarn *Pteridium aquilinum* bildet in vielen ostafrikanischen Gebirgen, zum Beispiel auf dem Kilimandscharo, am Rande der Gehölze große geschlossene Bestände. Er breitet sich außerdem stark im Bereich niedergebrannter Wälder aus.

Die afro-alpine Region

Die afro-alpine Region schließlich reicht oberhalb der Bergwälder und Gebüsche in Höhen bis über 3600 m. In diesem vor allem in der Nacht empfindlich kalten Bereich wachsen auf dem Geröllschutt Horstgräser, *Sedum*-Arten (Fette Henne) und andere niedrige Gewächse. Verschiedene Arten der auch in Mitteleuropa vertretenen Gattung *Alchemilla* (Frauenmantel) aus der Familie der Rosengewächse bilden niedrige, höchstens 1,2 m hohe Gebüsche. Die bemerkenswertesten Pflanzen dieser Region jedoch sind die großwüchsigen Arten der Gattung *Lobelia* (Familie Lobeliaceae) und *Senecio* (Familie Asteraceae), die sogar Nachtfröste ertragen. Sie besiedeln die einzelnen Gebirge teilweise in endemischen Formen. Die bis 9 m hohen Riesenlobelien sind als Riesenrosetten ausgebildet, die *Senecio*-Arten der Untergattung *Dendrosenecio* als Stammschopfblattgewächse.
Ab etwa 4500 m Höhe gedeihen kaum noch Blütenpflanzen, sondern fast nur noch Moose und Flechten.

Tiere der Gebirge

Manche Tiere der Hochlandsavannen sind im Gebirge noch in erstaunlicher Höhe anzutreffen. Zu diesen Arten gehören der Schwarz- oder Kaffernbüffel, der sich im Bergwald ebenso wohl fühlt wie in der Savanne, der Elefant, der sich sogar Wege durch das Bambusdickicht bahnt, das Spitzmaul-Nashorn, die Elenantilope, Leopard und Serval.
Von besonderem Interesse sind jedoch die typischen Arten der Gebirge wie Riesen-Waldschwein, Harvey-Ducker, eine Zwergantilope, und Bongo. Die scheue Bongo-

Bild 45. Graukopfliest (*Halcyon leucocephala*). Nicht alle Eisvögel ernähren sich von Fischen. Viele, darunter der Graukopfliest, machen Jagd auf Insekten und kleine Reptilien, die sie, ähnlich wie unser Eisvogel, im Sturzflug von einem Ansitzplatz aus erbeuten. Der Graukopfliest bewohnt buschreiche Savannen in der Nähe der Gewässer.

antilope, die größte Waldantilope, hält sich ebenso wie der kleine Schwarzstirn-Ducker gern im Bambuswald auf. Von Leopard und Serval kommen im Gebirge auch Schwärzlinge vor.

Die Bergwälder bilden den bevorzugten Lebensraum vieler ostafrikanischer Affen und Halbaffen. Der seltene Berggorilla allerdings lebt nur an wenigen Stellen im Regen- oder Bambuswald. Eine der schönsten Meerkatzen ist die in den Wäldern recht häufige formenreiche Diadem-Meerkatze. Geradezu zauberhaft ist der Anblick einer Horde Berg-Guereza-Affen, wenn diese schwarzweißen Affen mit wehendem Fell über große Distanzen von Baum zu Baum springen. All diese Affenarten finden in den Berg-Regenwäldern das ganze Jahr hindurch Früchte genug als Nahrung. Die zu den Halbaffen gehörenden, in der Nacht tätigen Galagos (Buschbabys) hingegen ernähren sich von vielerlei Kleintieren und Früchten.

Unter der im Gebirge besonders artenreichen Vogelwelt finden wir viele Fruchtfresser und nektarsaugenden Vögel. Langflügelpapageien, Turakos, Drongos und Nektarvögel bewohnen in vielen Arten die Bergwälder und Heiden.

Die Dreihorn-Chamäleons gehören zu den bizarrsten Reptilien der Gebirgswälder, und auch die Insektenwelt dieser Lebensräume ist äußerst interessant.
Eindrucksvollste Pflanzengesellschaften und Landschaften, tiefe Schluchten, rauschende Bäche, tosende Wasserfälle, weite Fernblicke und eine äußerst abwechslungsreiche Tier- und Pflanzenwelt verleihen der Gebirgswelt Ostafrikas ihren einmaligen Reiz.

Die Nationalparks und besonders wichtige Wildschutzgebiete Ostafrikas

Die folgende Aufzählung enthält neben den Nationalparks Kenias, Tansanias und Ugandas einige wichtige andere Schutzgebiete, meist Wildschutzgebiete. Die Angaben über die Zahl der dort vorkommenden Säugetier- und Vogelarten stützt sich auf John G. Williams, „Säugetiere und seltene Vögel in den Nationalparks Ostafrikas“, Verlag Paul Parey, Hamburg. Viele seltene oder in der Nacht aktive Arten wird der Safarigast nicht oder nur zufällig sehen, und die zahlreichen Wintergäste aus Europa und Vorderasien unter den Vögeln sind selbstverständlich nur in unserm Winter in ihren afrikanischen Überwinterungsgebieten anzutreffen. Andererseits dürften gelegentlich auch Tiere, vor allem Vögel, zu beobachten sein, die in den erwähnten Listen nicht für den betreffenden Park aufgeführt sind. Da die Zusammensetzung der Fauna von Park zu Park wechselt und auch die Beobachtungsmöglichkeiten für bestimmte Tiere unterschiedlich sind, wird der Interessierte versuchen, möglichst viele Nationalparks kennenzulernen.

Kenia

Aberdare National Park
Hochgebirgslandschaften im Aberdaregebirge (3000 m und höher) mit dichten Wäldern, Bambusdickichten, Baumheiden mit Riesenlobelien, Mooren, Schluchten,

Bild 46 (rechts oben). Rote Kurzlibelle (*Trithemis arteriosa*). Die in Ostafrika und in vielen anderen Gebieten Afrikas einschließlich der Kanarischen Inseln häufige *Trithemis arteriosa* fliegt gern an kleinen Gewässern der trockenen Gebiete. Sie hält sich in der Regel im Ried auf, Weibchen können jedoch auch weit entfernt vom Wasser in Bäumen angetroffen werden. Die Gattung *Trithemis* steht unseren Heidelibellen der Gattung *Sympetrum* nahe.
Bild 47 (rechts unten). Wer auf einer Safari sein Augenmerk nicht nur auf Wild und Vögel richtet, entdeckt oft gleich am Camp oder Hotel überaus reizvolle Insekten wie diesen blütenbesuchenden Käfer.

Wildwassern und Wasserfällen. Hervorragende Beobachtungsmöglichkeiten von in der Nacht aktivem Wild im berühmten Treetops Hotel.
54 Säugetierarten, 200 Vogelarten
Besonderheiten: Bongo-Antilope, Riesenwaldschwein, Leopard (auch Melanos), Elenantilope, Guereza-Affen, viele Nektarvögel (12 Arten).

Amboseli Masai Game Reserve
Wildschutzgebiet am Fuße des Kilimandscharo und am in der Trockenzeit wasserleeren Amboselisee. Lichte Akazienwälder, Dornbusch, Moor- und Sumpfgebiete. Um 1200 m hoch.
80 Säugetierarten, 420 Vogelarten (darunter 41 Greifvögel).
Besonderheiten: Sehr gute Beobachtungsmöglichkeiten von Löwe, Gepard, Spitzmaulnashorn.

Mt. Kenya National Park
Hochgebirgslandschaften von 3660 m Höhe aufwärts. Bergwälder, alpine Heide, Bambus-Johanniskraut-Gesellschaften, Orchideen. Bergseen, Gletscher.
36 Säugetierarten, 126 Vogelarten.
Besonderheiten: Guereza-Affe, Bongoantilope, Schwarzstirnducker, Kongopapagei, Äthiopische Waldohreule.

Mara-Masai Reserve
Grenzt an den Serengeti-Nationalpark (Tansania). Savannen, Dornbusch. Marafluß mit Galerie- und Sumpfwald.
92 Säugetierarten, 462 Vogelarten.
Besonderheiten: Pferdeantilope, viele Löwen, große Wildherden.

Marsabit National Reserve
Halbwüste mit Dornbusch. Vulkane mit bewaldeten Hängen.
600 – 2400 m Höhe. Lavafelder.
72 Säugetierarten, 363 Vogelarten.
Besonderheiten: Karakal, Streifenhyäne, 52 Greifvogelarten.

Bild 48 (rechts oben). Blauer Stiefmütterchenfalter (*Precis oenone*). Einer der häufigsten Edelfalter Ostafrikas ist der das ganze Jahr fliegende Stiefmütterchenfalter. Wir finden ihn im offenen Wald und Buschland, in der Savanne sowie in Gärten auf vielerlei Blüten.
Bild 49 (rechts unten). Lilaspitzen-Weißling (*Colotis celimene*). Dieser hübsche Tagfalter aus der Familie der Weißlinge fliegt das ganze Jahr hindurch. Er ist von Äthiopien bis Südafrika verbreitet und bevorzugt offene Savanne und trockenes Buschland als Lebensraum.

Meru Game Reserve
Savannen mit Akazienwäldern, Flüsse mit Galeriewäldern.
300 – 1030 m Höhe.
85 Säugetierarten, 330 Vogelarten.
Besonderheiten: Netzgiraffe, Grevy-Zebra, Giraffengazelle, Breitmaulnashorn (eingebürgert).

Nairobi National Park
Trockensavanne mit gelbrindigen Fieberakazien, steinige Täler, Schluchten. In unmittelbarer Nähe von Nairobi. 1600 – 2000 m hoch.
77 Säugetierarten, 389 Vogelarten.
Besonderheiten: Trotz geringer Ausdehnung sehr reichhaltige Tierwelt.

Lake Nakuru National Park
Sodasee im Rift Valley, vielfältige Uferlandschaft.
69 Säugetierarten, 348 Vogelarten
Besonderheiten: Nahrungsgebiet (nicht Brutgebiet!) großer Flamingoscharen in wechselnder Dichte (Rosaflamingo und Zwergflamingo)

Lake Naivasha
Frischwassersee 80 km nordwestlich von Nairobi mit reicher Ufervegetation, Inseln, Lagunen, Seerosen und anderen Wasserpflanzen
36 Säugetierarten, 217 Vogelarten
Besonderheiten: Viele Wasservögel, Wintergäste aus Europa.

Samburu-Isiolo Game Reserves
Zwei miteinander verbundene Wildschutzgebiete am Uaso-Nyiro-Fluß. Dornbusch, am Fluß Galeriewald, Bäche, Tümpel.
79 Säugetierarten, 364 Vogelarten.
Besonderheiten: Netzgiraffe, Grevyzebra, Spießbock, Gerenuk (Giraffengazelle), Somali-Strauß, Krokodile, Geierperlhuhn.

Shimba Hills
Hügelland südlich von Mombasa. Offenes Grasland, Feuchtsavanne mit Wald.
Besonderheit: Einziges Vorkommen der Rappenantilope in Kenia.

Tsavo National Park
Größter Nationalpark Kenias. Trockensavanne, Dornsavanne, Felsschluchten, Lavaströme und kleinere Vulkankegel. Mzima-Quellen mit Beobachtungskammer (Flußpferde, Krokodile, Wasserschildkröten und Fische). Tsavo- und Athifluß ver-

Bild 50. Cabanisweber (*Ploceus intermedius cabanisii*). Die abgebildete in Tansania und Südkenia heimische Unterart des Maskenwebers bildet kleine aus etwa 6 bis 10 Nestern bestehende Brutkolonien. Andere Webervogelarten finden sich zu wesentlich größeren Kolonien zusammen oder bauen wie der südafrikanische Siedelweber ein Gemeinschaftsnest. Der Cabanisweber lebt außerhalb der Brutzeit von Sämereien, während der Fortpflanzungszeit von Insekten. Das Männchen ist im Ruhekleid ebenso schlicht olivgrün gefärbt wie das Weibchen.

einigen sich im Ostteil des Parks zum Galanafluß. In den Chyulu-Hills Bergwald. Wasserfälle am Galanafluß.
92 Säugetierarten, 519 Vogelarten.
Besonderheiten: Große Elefantenherden, Spießbock, Kleiner Kudu, Giraffengazelle, Elenantilope.

Tansania

Lake Manyara National Park
See im Rift Valley. Höhe 900 – 1800 m. Savannen und ausgedehnte, bodenfeuchte galeriewaldähnliche Wälder.

62 Säugetierarten, 357 Vogelarten.
Besonderheiten: „Baumlöwen", die auf Bäumen ausruhen, Flamingos (Rosa- und Zwergflamingo).

Mikumi National Park
Bewaldete Hügel am Mkata-Fluß. Miombowald, Sümpfe.
47 Säugetierarten, 305 Vogelarten.
Besonderheiten: Großer Kudu, Rappenantilope, Flußpferde.

Mkomazi Game Reserve
An den Tsavo-Park anschließendes Wildschutzgebiet. Dornsavanne.

Ngorongoro Crater Conservation Area
Landschaftlich reizvolles Schutzgebiet im riesigen Ngorongoro-Krater (22 km Durchmesser). Bewaldete Kraterwände 608 – 760 m hoch. Die Ngorongoro-Lodge liegt in 2400 m Höhe auf dem Kraterrand.
51 Säugetierarten, 245 Vogelarten.
Besonderheiten: Elenantilope, zahlreiche Löwen, Hyänenhunde, Nektarvögel.

Ngurdoto Crater National Park
Nationalpark im Hochland der Riesenkrater. Der Krater selbst darf nicht besucht werden. Vielfältige Biotope mit Savannen, Seen und Berg-Regenwald.
54 Säugetierarten, 239 Vogelarten.
Besonderheiten: Guereza-Affe, Diadem-Meerkatze, Buschbock, in den Momellaseen Zwergflamingo und Rosaflamingo.

Ruaha National Park
Junger Nationalpark (seit 1962) zwischen dem Njombe- und Ruahafluß. Savanne mit Akazienwäldern, Galeriewälder am Fluß, Felslandschaften.
66 Säugetierarten, 294 Vogelarten.
Besonderheiten: Großer Kudu, Kleiner Kudu, Pferdeantilope, Rappenantilope, Krokodil.

Serengeti National Park
Größter Nationalpark Tansanias. Trockensavannen, Flüsse mit Galeriewald, Sümpfe, kleine Seen, Felsgruppen. 1100 – 2200 m hoch.
91 Säugetierarten, 398 Vogelarten.
Besonderheiten: Jahreszeitlich bedingte Tierwanderungen von Weißbartgnu, Böhmzebra, Thomsongazelle und anderen Huftieren, die dabei teilweise den Park verlassen. Die größten Wildherden Afrikas.

Bild 51. Königsglanzstar (*Cosmopsarus regius*). Die trockenen Dornbuschsavannen von Nordost-Tansania und Ostkenia, Somalia und Südäthiopien sind die Heimat des prächtigen Königsglanzstars, eines der schönsten Vögel Ostafrikas. Der einschließlich Schwanz etwa 30 cm lange in beiden Geschlechtern gleich gefärbte Vogel brütet in Baumhöhlen und ernährt sich in erster Linie von Insekten und Früchten.

Uganda

Kabalega-Falls National Park
Der frühere Murchinson-Nationalpark, der größte Nationalpark Ugandas. Am Victoria-Nil mit den eindrucksvollen Kabalega(Murchinson)Fällen. Hügeliges Savannenland, Galeriewald am Nil.
65 Säugetierarten, 364 Vogelarten.
Besonderheiten: Schimpanse (im Rabongo Forest), große Elefantenherden, Uganda-Giraffe, Uganda-Moorantilope, neben Spitzmaulnashorn auch Breitmaulnashorn, eine der bedeutendsten Krokodilpopulationen ganz Afrikas am Victoria-Nil, Flußpferd, Schuhschnabel.

Kidepo Valley National Park
Junger Nationalpark (seit 1962) im Nordosten Ugandas an der sudanesischen Grenze. Trockensavanne, Flüsse mit Galeriewald. 1000 – 1300 m hohes Becken mit zahlreichen höheren Hügeln.

63 Säugetierarten, 256 Vogelarten.
Besonderheiten: Pferdeantilope, Kleiner Kudu, Elenantilope, Lado-Grantgazelle.

Kigezi Gorilla Reservation
Vulkangebiet im Südwesten Ugandas. Bergwälder mit Bambuszone.
Besonderheiten: Gorilla, Kandts Diadem-Meerkatze, Guereza, Riesenwaldschwein.

Ruwenzori National Park
Der von den mächtigen Ruwenzoribergen überragte frühere Queen-Elizabeth-Park am Eduard(Idi Amin)-See und Georg-See, die durch den Kazinga-Kanal miteinander verbunden sind. Savannen mit Kandelaber-Euphorbien, Flüsse, Sümpfe, Regenwälder, Seen, kleinere Kraterseen.
72 Säugetierarten, 469 Vogelarten.
Besonderheiten: Schimpanse, Guereza-Affe, Roter Stummelaffe, Diadem-Meerkatze, Große Weißnasen-Meerkatze, „Baumlöwen", Riesenwaldschwein, Uganda-Moorantilope, große Flußpferdpopulation, Schuhschnabel.

Bestimmungsliteratur

Erfreulicherweise liegen bereits einige, wenn auch nicht die umfassenden Bestimmungsbücher über afrikanische Säugetiere und Vögel in deutscher Sprache vor. Trotzdem muß für andere Tiergruppen, Vögel und Pflanzen oft auf englischsprachige Literatur zurückgegriffen werden. Die in der Liste genannten Bücher über südafrikanische Tiere enthalten viele in Ostafrika heimische Arten.

J. Dorst, P. Dandelot: Säugetiere Afrikas, Verlag Paul Parey.
Enthält alle für den Touristen wichtigen größeren afrikanischen Säugetiere. Farb- und Schwarzweißbilder.

Theodor Haltenorth/Helmut Diller: Säugetiere Afrikas und Madagaskars, BLV Verlagsgesellschaft München.
Enthält eine größere Artenzahl als das vorige Buch. Ausschließlich Farbbilder.

Reay H. N. Smithers: The mammals of Rhodesia, Zambia and Malawi, Collins, London. Farbbilder. Wichtig sind die Zeichnungen der Trittsiegel der Säugetiere.

John G. Williams: Säugetiere und seltene Vögel in den Nationalparks Ostafrikas, Verlag Paul Parey.
Enthält die wichtigsten Säugetiere des Gebietes. Auswahl seltener Vögel geeignet als Ergänzung zu „Die Vögel Ost- und Zentralafrikas" des gleichen Verfassers. Wichtig ist die Charakterisierung der Nationalparks und die Liste der dort vorkommenden Säugetiere und Vögel. Farbtafeln und Schwarzweißbilder.

C. W. MACKWORTH-PRAED und C. H. B. GRANT: Birds of Eastern and North Eastern Africa, Longmans, London.
Zweibändiges komplettes Bestimmungsbuch. Alle Arten sind farbig abgebildet.

JOHN G. WILLIAMS: Die Vögel Ost- und Zentralafrikas, Verlag Paul Parey.
Handliches Bestimmbuch der häufigsten Vögel. Farbtafeln. Schwarzweißbilder.

V. F. M. FITZ SIMONS: A Field-Guide to the Snakes of Southern Africa, Collins, London.
Schwarzweißfotos und Farbtafeln.

VINCENT A. WAGER: The Frogs of South Africa, Purnell & Sohns, Cape Town.
Mit Farbfotos.

J. L. B. SMITH: The Sea Fishes of Southern Africa, Central News Agenca, LTD, Cape Town.
Reich farbig illustriert.

J. L. B. SMITH and MARGARET MARY SMITH: The Fishes of Seychelles, The J. L. B. Smith Institute of Ichthology, Grahamstown, South Africa.
Reich farbig illustriert. Einige Zeichnungen zeigen die von lebenden Tieren abweichende Farbe präparierter Fische.

JOHN G. WILLIAMS: A Field-Guide to the Butterflies of Africa, Collins, London.
Sehr brauchbare Auswahl der wichtigsten Tagfalter auf Farbtafeln.

E. C. G. PINHEY: The Dragonflies of Southern Africa, Transvaal Museum, Pretoria.
Ausschließlich Schwarzweiß-Abbildungen, guter Bestimmungsschlüssel.

JOHN G. WILLIAMS: Safari Journal, Collins, London. Liste der Säugetiere und Vögel, praktische Hinweise und Platz für eigene Eintragungen.

A. D. Q. AGNEW: Upland Kenya Wild Flowers, Oxford University Press.
Blütenpflanzen und Farne, keine Bäume. Präzise Strichzeichnungen, ausgezeichneter Bestimmungsschlüssel.

FRANK PIERS: Orchids of East Africa, Verlag von J. Cramer, 3301 Lehre.
Viele schwarzweiße, einige farbige Fotos.

MILNE-REDHEAD, P. M. POLHILL: Flora of Tropical East Africa, London.
Umfangreiches fachliches Bestimmungswerk der Farne und Blütenpflanzen. Etwa 70 von 220 Familien wurden bisher bearbeitet.

BERNHARD VERDCOURT, E. C. TRUMP: Common Poisonous Plants of East Africa, Collins, London. Heimische und angepflanzte Giftpflanzen. Zeichnungen.

R. KNAPP: Die Vegetation von Afrika. Gustav Fischer Verlag, Stuttgart.
Kein Bestimmungsbuch, aber eine hervorragende Darstellung der wesentlichen Pflanzengesellschaften ganz Afrikas.

Register

Weitere Taschenbücher für Naturfreunde aus dem Kosmos-Verlag in Ihrer Buchhandlung:

Pflanzen: Aichele, Das blüht an allen Wegen – Aichele, Hier find ich Deutschlands schönste Pflanzen – Aichele/Schwegler, Bunte Welt der Alpenblumen – Aichele/Schwegler, Die Natur im Jahreslauf – Bechtel, Bunte Welt der Kakteen – Bechtel, Bunte Welt der Zimmerblumen – Bechtel, Exotische Orchideen – Haas/Schrempp, Pilze, die nicht jeder kennt – Haas/Schrempp, Pilze in Wald und Flur – Kohlhaupt, Bunte Welt der Orchideen – Kremer, Pflanzen unserer Küsten – Kult, Kosmos-Pilzfibel – Rein, Bunte Welt der Gartenblumen – Rüdt, Heil- und Giftpflanzen – Sanderse, 60 Aquarienpflanzen – Sanderse, Pflanzen als Aquarienschmuck – Schönfelder, Das blüht am Mittelmeer – Zech, Bäume und Sträucher – Zech, Bunte Welt der schönen Rosen

Tiere: Adrian, Große Hunde – Adrian, Kleine Hunde – Aichele, Das fängt man mit der Angel – Bechtel, Bunte Welt der Stubenvögel – Bechtle, Bunte Welt im Terrarium – Entrop, Muscheln und Schnecken an Europas Küsten – Harde/Pfletschinger, Bunte Welt der Käfer – Hoeher, Vogelkinder und ihre Eltern – Jurzitza, Unsere Libellen – Neugebauer, Korallenfische im Aquarium – Nissen, Pferde und Ponys – Pfletschinger, Bunte Welt der Insekten – Pfletschinger, Einheimische Spinnen – Rein/Zech, Wunderwelt der Schmetterlinge – Rohm, Bunte Welt der Vögel – Splechtna/Hilgers, Niedere Tiere im Meeresaquarium – Schwammberger, Bunte Welt der Tiere – Thies, 62 Katzen in Farbe – Weiß, Bunte Welt der Tropenfische – Weiß, Fische fürs Gesellschaftsbecken.

Minerale, Steine und Versteinerungen: Hartmann/Binnewies, Edelsteine – Lieber, Bunte Welt der schönen Steine

Biotopführer: Aichele/Schwegler, Die Natur in unserer Stadt – Aichele/Schwegler, Lebensraum Alpen – Aichele/Schwegler, Seen, Moore, Wasserläufe – Aichele/Schwegler, Wald und Forst – Streble, Was find ich am Strande?

Reiseführer für Naturfreunde: Ballenberger/Haas, Die Schwäbische Alb in Farbe – Bechtel, Das Münsterland in Farbe – Bechtel, Der Niederrhein in Farbe – Bechtle, Der Neusiedler See in Farbe – Bechtle, Provence und Camargue in Farbe – Bechtle, Stuttgart für Naturfreunde – Gruber, Der Schwarzwald in Farbe – Grupe, Naturschutzpark Lüneburger Heide in Farbe – Haeupler, Der Harz in Farbe – Heierli, Graubünden in Farbe – Janus, Das Watt – Jung, Sauerland und Siegerland in Farbe – Körber, Die Allgäuer Alpen in Farbe – Körber, Das Altmühltal in Farbe – Matthes, Die Felsenküste der Adria – Pott/Schwoerbel, Der Bodensee in Farbe – Roth, Westerwald und Siebengebirge in Farbe – Sauer, Das bayerische Voralpenland in Farbe – Sauer, Die Eifel in Farbe – Tuchen, Die Vogesen in Farbe – Vogt, Teneriffa in Farbe

Informationsschriften erhalten Sie auf Anforderung: 970 050 Kosmos-Naturführer, 970 191 Mineralien, 970 120 Reiseführer, 970 330 Vogelkunde, 970 240 Aquaristik, 970 490 Hunde, 970 500 Katzen, 970 110 Kleintiere und 970 390 Garten

Kosmos-Verlag, Postfach 640, 7000 Stuttgart 1